Elisabeth Weinrich

Reg Dich nicht so auf

## Über die Autorin

*Dr. Elisabeth Weinrich*, Jahrgang 1958, Psychologiestudium in Münster (1978 – 1983), promovierte an der Fakultät für Psychologie der Ruhr-Universität Bochum und ist seit 1996 als selbstständige psychologische Psychotherapeutin in Brilon niedergelassen.

Vielfältige Aus- und Weiterbildungen ermöglichen es ihr heute, ihren Klienten ein breit gefächertes Angebot an Therapietechniken und Interventionsmöglichkeiten zur Verfügung zu stellen, um angemessen auf unterschiedlichste Problematiken und Fragestellungen eingehen zu können. Neben klassischen Techniken wie Gesprächspsychotherapie und Verhaltenstherapie kommen auch Verfahren wie Hypnose, Neurolinguistisches Programmieren (NLP), Provokative Therapie, EMDR (Eye Movement Desensitization and Reprocessing) und PEP (Prozess- und Embodimentfokussierte Psychologie) nach Bohne zur Anwendung.

Stand bislang ausschließlich die Therapie von Störungen im Vordergrund, werden seit einiger Zeit auch Angebote entwickelt, die prophylaktisch wirken können, um so die Entstehung von grundlegenden psychischen Störungen zu verhindern.

Ihr Beruf ist ihre Berufung! Die Potenziale ihrer Klienten zu entwickeln, ist ihr Ziel.

http://dr-weinrich.de

Elisabeth Weinrich

# Reg Dich nicht so auf

## Eine Anleitung für mehr Ruhe und Gelassenheit im Alltag

Die Bibliografische Information der Deutschen Nationalbibliothek

Die Deutsche Nationalbibliothek verzeichnet diese Publikation in der Deutschen Nationalbibliografie; detaillierte bibliografische Daten sind im Internet über www.d-nb.de abrufbar.

Einbandgestaltung unter Verwendung einer Abbildung von

Herstellung: Books on Demand, Norderstedt


ISBN 978-3-934969-94-0

# Inhaltsverzeichnis

# Vorwort

Wir alle kennen das Spiel „Mensch ärgere dich nicht!“, ein aufregendes Spiel, das mit bis zu sechs Personen gespielt werden kann. Haben Sie schon einmal beobachtet, wie unterschiedlich wir auf die herausfordernden Situationen in diesem Spiel reagieren?

Da gibt es den Spieler, der einfach nur Freude am Spiel hat, der lacht und vergnügt ist, wenn er andere herauswerfen kann, und auch vergnügt bleibt, wenn er selbst etliche Male kurz vor dem Ziel herausgeworfen wird und wieder ganz von vorn beginnen muss.

- Es gibt den Spieler, der nur darauf bedacht ist, andere aus dem Spiel zu werfen, und sich freut, wenn er einem anderen schadet.
- Es gibt den Spieler, der sich ärgert, herausgeworfen zu werden.
- Es gibt den Spieler, der darauf mit Gleichgültigkeit reagiert.
- Es gibt den Spieler, der versucht, es dem anderen recht zu machen, der bemüht ist, dem anderen nicht zu schaden, und dann erwartet, dass die anderen ihn ebenso rücksichtsvoll behandeln.
- Es gibt Spieler, die so wütend werden, dass sie das Spiel vom Tisch werfen.

Wir werden in diesem Spiel mit Situationen konfrontiert, die gegen unsere Erwartungen, Pläne und Wünsche ablaufen – etwas, das in unserem alltäglichen Leben immer wieder geschieht.

Wir werden mehr oder weniger oft und mehr oder weniger intensiv in diesem Spiel und in unserem Leben frustriert. Und je nachdem, wie frustriert wir sind oder eben auch nicht, können wir entweder vergnügt, entspannt, gleichgültig oder eben wütend, schadenfroh oder ängstlich reagieren. Wenn wir es nicht gelernt haben, mit Frustrationen entspannt umzugehen, entstehen Reaktionen auf körperlicher und geistiger Ebene und im Verhalten, die wir kaum kontrollieren können und die uns sehr schaden. In diesem Buch wird beschrieben, wie wichtig es für Körper, Geist und Seele ist, *sich nicht zu ärgern*, wie es uns gelingt, uns *so schnell wie möglich aus dem Ärger zu befreien* und langfristig nicht mit Frustration zu reagieren, wenn unsere Pläne und Wünsche nicht aufgehen.

*Reg Dich nicht so auf!*

# Einleitung

Stellen Sie sich einmal vor, Sie hätten die Wahl zwischen Ärger, Wut, Anspannung und Stress oder Frieden, Ruhe, Freude und Gelassenheit. Was würden Sie wählen? Keine Frage, sagen Sie, ist doch klar: Jeder möchte Frieden, Freude, Ruhe und Gelassenheit. Das Wunderbare ist, wir haben tatsächlich die Wahl! Lassen Sie mich dazu eine Geschichte erzählen:

Ein weiser alter Indianer saß mit seinem Enkel am Lagerfeuer.
„In jedem Menschen", begann er, „leben zwei Wölfe, die um sein Herz kämpfen. Der eine ist streitsüchtig, neidisch, missgünstig, hasserfüllt und voller Selbstzweifel. Der andere hingegen ist sanft, mitfühlend, nachsichtig und voller Selbstvertrauen."
Der Enkel schwieg eine Weile, dann fragte er: „Welcher der beiden Wölfe wird den Kampf um das Herz gewinnen?"
Da antwortete sein Großvater: „Es ist der Wolf, den du mit deiner Aufmerksamkeit fütterst. Also überlege immer wieder aufs Neue, für welchen du dich entscheidest."

*Verfasser unbekannt*

Also lassen Sie uns achtsam sein bei der Fütterung unseres Wolfes. Ärger, Wut, Hass füttert den Wolf, der uns krank macht. In diesem Buch möchte ich Ihnen nahebringen, wie Sie lernen können, in Ihrem Alltag Ärger und Wut auf sich selbst oder andere recht schnell zu identifizieren und anschließend wieder in einen entspannten Zustand zurückzufinden.

Als Psychotherapeutin arbeite ich seit 35 Jahren mit Menschen, die zu mir kommen, um sich zu verändern. In all den Jahren hat es nicht einen Fall gegeben, der einem anderen ähnlich war. Sicher, es gibt ähnliche Themen, Probleme und Herausforderungen, aber die Art und Weise der Entstehung der Problematik, der Verarbeitung und Auflösung ist so einzigartig wie der Mensch. Das macht meinen Beruf so interessant und immer wieder herausfordernd. Herausfordernd sind auch die Situationen, in denen es im Entwicklungsprozess nicht weitergeht. Besonders dann ist es spannend herauszufinden, woraus die Blockade besteht und wie sie aufgelöst werden kann. Mit der Zeit habe ich festgestellt, dass Ärger, Wut, Groll oder auch Hass – gegen sich selbst oder andere gerichtet – eine dieser Blockaden ist.

In diesem Buch beschreibe ich, wie es zu Ärger kommen kann, wozu Ärger, aber auch Vergebung wichtig und nützlich sein können und welche Auswirkungen

Ärger und Vergebung auf der körperlichen, geistigen und Verhaltensebene haben.

In *Kapitel 1* beschreibe ich, wie die Entstehung von Emotionen durch verschiedene Komponenten gesteuert wird. Besonders die kognitive Komponente spielt dabei eine herausragende Rolle: Es wird immer eine subjektive Interpretation und Bewertung vorgenommen, die kognitiven Verzerrungen unterliegt. Ärger entsteht bei allen Menschen durch genau diese subjektiven Bewertungen, durch Glaubenssätze, die früh in unserer Kindheit entstehen. Diese Glaubenssätze wirken auf die neuronalen Prozesse in unserem Gehirn, auf das autonome Nervensystem, auf unsere Stressachse und führen bei Ärger zu einer Aktivierung des gesamten körperlichen Systems. Hält diese Aktivierung zu lange an, kommt es zu einer dauerhaften Schädigung vieler verschiedener Prozesse und Organe. Damit verbleiben wir Menschen in einer fast permanent anhaltenden Stressreaktion, mit den krankmachenden Reaktionen in Körper, Geist und Psyche.

Solange ein Mensch in dieser anhaltenden Stressreaktion, dieser abwehrenden, kämpfenden Haltung gegen sich oder andere verbleibt, ist es nur schwer möglich, sich zu verändern. Das bedeutet in der Konsequenz, dass zunächst Vergebung stattfinden muss.

In *Kapitel 2* definiere ich Vergebung als wichtigstes Instrument, das zur Befreiung aus Ärger, zur Ermächtigung des gekränkten und verletzten Menschen und letztlich zur Heilung führt. In meiner Arbeit mit Klienten bin ich jedes Mal berührt davon und erstaunt darüber, welche Veränderungen nach dem Schritt der Vergebung eintreten. Mit diesem bewussten Schritt entsteht so viel Frieden, Ruhe, Entlastung und ein Gefühl, wieder über sich selbst bestimmen zu können und die Kontrolle und Macht über sich zurückgewonnen zu haben.

In *Kapitel 3* stelle ich drei Vergebungstechniken vor: die *Prozessorientierte Energetische Psychologie* (PEP), die *4-Fragen-Technik* und *Hoʻoponopono*, ein altes hawaiianisches Vergebungsritual – mehr noch: eine grundlegende Lebenshaltung. Da ich ein Fan davon bin, möglichst effizient und effektiv ein maximal positives Ergebnis zu erzielen, habe ich bei der Auswahl der Techniken größten Wert darauf gelegt, möglichst einfache, d. h. praktikable Methoden auszuwählen und darzustellen, die Sie schnell und mit wenig Aufwand in Ihrem Alltag anwenden können und die gleichzeitig hochwirksam und nachhaltig sind.

In *Kapitel 4* zeige ich anhand von Beispielen, wie Vergebung am Arbeitsplatz und in der Familie genutzt werden kann. Am Arbeitsplatz sorgt Vergebung dafür, dass optimale Arbeitsbedingungen geschaffen werden, die zum Wohlbefinden und zur Gesundheit der Arbeitnehmer, zu starker Motivation und zur maximalen Leistung führen. In der Familie führt immer wieder stattfindende Vergebung zu einem friedlichen Klima, zu einem Mit- statt Gegeneinander.

Ich würde mir wünschen, dass viele Menschen diese Erfahrung machen können, so dass diese Welt wieder das werden kann, was sie einmal war: ein Ort des Friedens, der Fülle und des Reichtums. Dafür habe ich dieses Buch geschrieben.

# 1. Entstehungsbedingungen von Emotionen / Ärger

In der Emotionstheorie weist Paul Ekmann sieben Basisemotionen empirisch nach: Freude, Ekel, Furcht, Verachtung, Traurigkeit, Überraschung und Wut. Darüber hinaus werden Liebe, Vertrauen und Hass als Grundgefühle benannt. Andere Forscher wie z. B. Carroll E. Izard fassen Emotionen über alle Kulturen hinweg in zehn Formen zusammen: Interesse, Leid, Widerwille, Freude, Überraschung, Schamgefühl, Furcht, Verachtung, Schuldgefühl und Zorn. Greift man auf ältere Theorien zurück, so werden Emotionen in folgende Hauptgruppen unterteilt: Angst und Verzweiflung, Freude, Trauer, Enttäuschung, Mitleid, Sympathie, Neid, Stolz, Verliebtheit, Ärger und Wut. Beachtlich ist, dass Ärger, Wut und Zorn Ausprägungen von Emotionen sind, die in den unterschiedlichsten Forschungsansätzen vorkommen. Je nachdem, wie intensiv dieser Gefühlszustand ist, liegt mindestens ein leichtes Gereiztsein vor, gepaart mit Unbehagen, Unmut, Missmut, Ärger, Wut oder Hass. In diesem Buch werden all diese Emotionen unter dem Begriff *Ärger* zusammengefasst.

Betrachtet man die Entstehung einer Emotion, so können folgende Komponenten unterschieden werden:

***Sensorische Komponente***

*Diese Ebene beschreibt die von den Sinnen (sehen, hören, riechen, schmecken, tasten) wahrgenommenen Informationen. Ein Reiz, ein Ereignis im Außen wird durch die Sinnesorgane (leider immer nur unvollständig) wahrgenommen.*

***Kognitive Komponente***

*Diese Komponente beschreibt die subjektive Verarbeitung des wahrgenommenen Ereignisses, d. h. es werden gedankliche Informationen zu den sensorischen Reizen hinzugefügt. Damit wird eine Bewertung der Wahrnehmung des Ereignisses vorgenommen. Diese Bewertung unterliegt immer kognitiven Verzerrungen, d. h. die Person nimmt Interpretationen vor, die oftmals nicht zutreffend sind.*

***Physiologische Komponente***

*Die Wahrnehmung von Reizen sowie die Verarbeitung von Informationen auf der gedanklichen Ebene lösen im Körper physiologische Reaktionen aus. Es werden je nach Information bestimmte Neurotransmitter und Hormone (wie z. B. Dopamin, Serotonin, Oxytocin, Adrenalin, Noradrenalin, Gaba) ausgeschüttet, die wiederum eine Reihe von Körperprozessen auslösen; z. B. steigt oder sinkt der Blutdruck, Herzfrequenz und Atmung verändern sich, Blutgefäße werden erweitert oder zu-*

*sammengezogen, Glykogen, Fettsäuren, Cortisol werden ausgeschüttet oder gehemmt.*

***Motivationale Komponente***
*Je nach Bewertung des Ereignisses und des damit verbundenen physiologischen Zustandes entsteht eine Absicht. Diese Absicht bestimmt, ob man den Zustand, in dem man sich befindet, erhält, steigert, vermeidet oder dämpft.*

***Expressive Komponente***
*Diese Komponente bezieht sich auf die Ausdrucksweise einer Emotion. Mimik und Gestik, Verhaltensweisen, um eine Emotion zum Ausdruck zu bringen, werden hierunter zusammengefasst.*

In einem *Beispiel* wird das Zusammenspiel dieser Komponenten verdeutlicht:

***Sensorische Komponente***
*Mutter, Großvater und ein einjähriges Kind sitzen am Mittagstisch. Das Kind greift nach einem Becher mit Wasser und wirft ihn um. Wir stellen uns vor: ein umgeworfener Becher, das Wasser auf dem Tisch, zu hören ist ein schreiendes Kind.*
*Schon an dieser Stelle nehmen Mutter und Großvater die Ereignisse unterschiedlich wahr. So kann z. B. die Mut-*

*ter eher das Wasser auf dem Tisch sehen, während der Großvater mit seinen Sinnen mehr auf das Kind gerichtet ist, d. h. von beiden werden wesentliche Informationen zu der Situation übersehen.*

***Kognitive Komponente***

*Wie oben dargestellt, wird von Mutter und Großvater eine Bewertung der Wahrnehmung des Ereignisses vorgenommen. Die Bewertung fällt bei beiden unterschiedlich aus, da sie subjektiven Kriterien wie z. B. persönlichem Weltbild, Wertesystem und dem aktuellen physiologischem Zustand unterliegt. Ein und dasselbe Ereignis führt zu unterschiedlichen Bewertungen.*

*Auf das Beispiel übertragen, könnten folgende Bewertungen entstehen: Der Großvater ist völlig entspannt und ausgeruht (positiver physiologischer Zustand). Er ist ganz vernarrt in sein Enkelkind, glaubt, dass das Kind ein ganz besonderes ist. Er sieht in dem Kind nur, wie es wächst, sich entwickelt und jeden Tag Neues lernt (Wertesystem und Weltbild positiv). Die Bewertung des umgeworfenen Bechers fällt positiv aus („Das kann das Kind auch schon!"). Die Mutter dagegen hat vielleicht einen anstrengenden Arbeitstag hinter sich, ist müde und erschöpft (negativer physiologischer Zustand). Natürlich liebt sie ihr Kind genauso wie der Großvater, ist zurzeit jedoch seinetwegen besorgt, es schläft schlecht, bekommt*

*Zähne, der Fokus der Aufmerksamkeit der Mutter ist auf belastende und schwierige Inhalte ausgerichtet (Wertesystem und allgemeine Sichtweise eher negativ).*
*Das Kind schreit und weint oft, möchte viel auf den Arm der Mutter genommen werden. Damit ist die Mutter in ganz anderen Bewertungen als der Großvater. Hinzu kommt, dass in der Situation sensorische Informationen unvollständig aufgenommen wurden: ihr Blick war gesenkt, sie sieht nur, wie der Becher durch die Luft fliegt, sieht nicht, dass das Kind beim Greifen den Becher versehentlich umgeworfen hat. Die Mutter denkt, d. h. sie bewertet die Situation so, dass das Kind den Becher absichtlich umgestoßen hat, um die Aufmerksamkeit erneut auf sich zu lenken.*
*Der Großvater dagegen hat gesehen, dass das Kind beim Greifen den Becher versehentlich umgestoßen hat. Die Bewertung des umgeworfenen Bechers fällt somit subjektiv völlig unterschiedlich aus.*

***Physiologische Komponente***

*Die subjektive Bewertung bewirkt das Ausschütten dazu passender Neurotransmitter und Hormone und verändert den physiologischen Zustand, was von der betroffenen Person als Emotion wahrgenommen wird. Bleiben wir bei unserem Beispiel: der Großvater erlebt Freude, da Neurotransmitter wie Serotonin oder Oxytocin ausgeschüttet werden.*

*Die Mutter dagegen erlebt Enttäuschung oder Ärger, da bei ihr mehr Adrenalin ausgeschüttet und Serotonin gehemmt wird.*

***Motivationale Komponente***
*Die motivationale Komponente veranlasst die Person in Abhängigkeit von der Qualität der Emotion, das Ereignis zu behalten, zu intensivieren (z. B. bei Freude oder Liebe), oder es kommt zu einer Vermeidungs-, Flucht- oder sogar Angriffshandlung (z. B. bei Wut oder Furcht). Auf unser Beispiel bezogen: Der Großvater will sich weiter mit dem Kind beschäftigen, fordert das Kind auf, den Becher in die Hand zu nehmen. Die Mutter dagegen will aus dieser Situation heraus.*

***Expressive Komponente***
*Über das nonverbale Verhalten, die Mimik und Gestik wird die Emotion zum Ausdruck gebracht (expressive Komponente). Der Großvater lacht, ist dem Kind zugewandt, die Mutter senkt die Augenbrauen, presst den Mund zusammen, verspannt sich, wendet sich ab.*

Für unsere Thematik ist diese allgemeine Darstellung zur Entstehung von Emotionen völlig ausreichend. Im nächsten Kapitel „Bewertungen und Glaubenssätze" wird ausführlich auf die Entstehung von Angst und Ärger eingegangen, wobei der Fokus auf die Rolle von

Bewertungen sensorischer Eindrücke – also die kognitive Komponente – gelegt wird.

Bevor dieser Prozess dargestellt wird, sei darauf hingewiesen, dass sich kein Mensch frei machen kann von Ärger. Es ist auch nicht unser Anspruch, uns derart zu verändern, dass absolut kein Ärger mehr entsteht. Ärger ist eine spontane, innere emotionale Reaktion auf eine unerwünschte oder unangenehme Situation, Person oder Erinnerung. Eine unerwünschte oder unangenehme Situation kann eine Kränkung, Zurückweisung, Ablehnung oder eine Frustration jeglicher Art sein. Da die kognitive Bewertung des sensorischen Reizes im Außen automatisiert und zunächst vollständig unbewusst abläuft, kann man eine Ärger-Reaktion nicht verhindern. Die Bewertung des Reizes ist ein sich ständig wiederholendes Muster, das jeder im Laufe seines Lebens durch gerade diese Wiederholung fest installiert hat. Deshalb kann es nicht verhindert werden, sich zu ärgern. Wer von sich behauptet, sich nicht zu ärgern und seinen Mitmenschen und dem Leben ausschließlich verständnisvoll und liebevoll zu begegnen, ist entweder erleuchtet oder macht sich selbst etwas vor. Und nicht ehrlich zu sich selbst zu sein birgt eine große Gefahr:

Derjenige, der sich seiner nicht *selbst* bewusst ist,

- ist sich nicht bewusst darüber, dass er doch mit Unbehagen oder Ärger auf eine Situation reagiert
- ist sich nicht bewusst, welche Bewertungen in den Ärger geführt haben
- ist nicht mehr in der Lage, die Bewertungen und den daraus resultierenden Ärger auf eine für ihn konstruktive Art und Weise zu bearbeiten.

Das bedeutet: Ärger wird geschluckt, gespeichert und kann über die Zeit hinweg großen Schaden in Körper, Geist und Psyche anrichten. Wenn der Mensch ehrlich zu sich ist, wird er sich immer wieder bewusst machen können, dass er sich ärgert. Über dieses Bewusstsein kann man erreichen, dass man schnell aus dem Ärger herauskommt. Und genau das ist das Ziel: Ärger-Zeit zu verkürzen, so dass der Schaden, den Ärger im Menschen anrichten kann, entweder ganz abgewendet oder signifikant minimiert wird.

**Zusammenfassung Kapitel 1**

Die Entstehung von Emotionen wird durch die sensorische, kognitive, physiologische, motivationale, expressive Komponente gesteuert. Die kognitive Komponente spielt dabei eine herausragende Rolle. Es wird immer eine subjektive Interpretation und Bewertung vorgenommen, die kognitiven Verzerrungen unterliegt. Ärger entsteht bei allen Menschen durch genau diese subjektiven Bewertungen.

## 1.1 Bewertungen und Glaubenssätze

*„Glaub nicht alles, was du denkst!"*
*- Haemin Sunim -*

Bei der Entstehung von Ärger spielen die *Bewertungen*, die Sie einem Außenreiz hinzufügen, die zentrale Rolle. Die Bewertungen entscheiden innerhalb kürzester Zeit, ob Angst und Ärger entstehen oder Entspannung und Ruhe. Bewertungen bewirken, dass aufgenommene Informationen zunächst in „gefährlich" oder „ungefährlich" eingeteilt werden. Kommt ein Mensch zu dem Schluss, dass das Ereignis bzw. das, was da im Außen geschieht, gefährlich ist, laufen automatisch völlig andere körperliche, kognitive und emotionale Reaktionen ab als bei der Bewertung „ungefährlich". Albert Einstein hat das schon sehr prägnant in einem Satz zusammengefasst: „Die wichtigste Frage, die ein Mensch im Leben sich stellen kann, lautet: Ist das Universum ein freundlicher Ort oder nicht?" Was bedeutet das in alltäglichen Situationen?

Ein Beispiel: Anton hat soeben von Bodo gehört, dass er seine Aufgabe gut erledigt hat. Dieser Satz wird von Anton subjektiv interpretiert: auf seine ganz spezielle individuelle typische Art und Weise, die abhängt von seiner Lebensgeschichte, seinen Erfahrungen und seinen Glaubenssätzen. Dazu gleich mehr.

Wichtig zum Verständnis ist, dass Bewertungsmuster schon sehr früh angelegt werden: bereits während der Embryonalzeit und in der frühen Kindheit. Damit sind vorsprachliche unbewusste Programme in uns gespeichert. Diese Programme dienen dazu, die vielfältigen Informationen, die wir sekündlich aufnehmen, sinngebend komprimiert einzuordnen und zu verarbeiten. Es muss eine Reduktion und damit gleichzeitig Selektion der Informationen stattfinden, andernfalls wären unsere Kapazitäten der kognitiven Verarbeitung vollständig überfordert. Mit unseren Sinnen nehmen wir unbewusst 15.000.000 Bits pro Sekunde auf. Bewertungsmuster sind sozusagen Schablonen, die an die Außenreize angelegt werden und nur solche Informationen hindurchlassen, die dem Muster entsprechen. Durch diese Muster entstehen Wahrnehmungsfilter.

Wie sehen solche Muster aus? Im Folgenden werde ich dazu den Begriff der *Glaubenssätze* verwenden. Ein Kind kann z. B. in der Schwangerschaft von seiner Mutter als Information vermittelt bekommen, dass es erwünscht ist, dass es willkommen geheißen wird, dass es etwas ganz Besonderes ist. Damit entwickelt das Kind ein Gefühl, eine Erfahrung, eine Einstellung – natürlich noch unbewusst, vorsprachlich, eher als eine Information gespeichert in den Zellen, dass es selbst gut ist, dass es selbst in Ordnung ist, richtig ist. Wird das Kind nach der Geburt weiterhin liebevoll und wertschätzend erzogen und begleitet, verbleibt es in diesen Einstellungen und Meinungen über sich. Erfährt es weiter, dass es geschützt ist, seine wichtigen Mitmenschen und Bezugspersonen verlässlich sind, seine Bedürfnisse befriedigt werden, dass es erfolgreich sein kann, etwas erreichen kann, so werden *positive Selbstbewertungen, positive Einstellungen den Mitmenschen und der Welt* gegenüber entwickelt. Das Kind hat Glaubenssätze abgespeichert, die lauten:

- „Ich bin gut."
- „Ich bin wichtig."
- „Ich bin gewürdigt."
- „Andere Menschen sind gut und verlässlich."
- „Die Welt ist gut und sicher."

Das Kind fühlt sich vollkommen sicher, vertraut sich und anderen, lebt sozusagen in einem „freundlichen Universum". Diese Glaubenssätze führen dazu, dass das Kind – und später auch der erwachsene Mensch – eine Aussage des Lobes mit Freude auf- und annehmen kann, dass es sich dabei entspannt, sich dem anderen mit Vertrauen, Toleranz und Wertschätzung zuwenden kann. Die Information: „Du hast das gut gemacht!" passt zu dem Bewertungsmuster: „Ich bin gut". Diese Information kann ohne Störung direkt aufgenommen werden, sie passiert den Wahrnehmungsfilter und die

Schablone ohne Irritation. Der Außenreiz wird automatisch als ungefährlich bewertet. Für unser Beispiel bedeutet das: Anton freut sich, fühlt sich entspannt und ruhig, ist stolz auf seine Leistung.

Ganz anders sieht die Situation aus, wenn ein Kind gegenteilige Glaubenssätze gelernt und abgespeichert hat. Das Kind kann im Embryonalzustand von der Mutter vermittelt bekommen, dass es eben nicht gewollt ist, dass die Situation der Schwangerschaft schwierig ist, d. h. für das Kind entsteht die Bewertung, dass es *selbst* schwierig sei. Das Kind kommt auf die Welt mit der Einstellung, dass es nicht erwünscht ist, dass es nicht gut ist. Ist anschließend die Erziehung des Kindes wenig liebevoll, wird das Kind alleingelassen oder sogar vernachlässigt bis hin zu Misshandlungen, so entstehen Glaubenssätze wie:

- „Ich bin unwichtig."
- „Ich bin schlecht und minderwertig."
- „Ich habe es verdient, bestraft zu werden."
- „Die Menschen um mich herum sind nicht verlässlich und/oder gar gewalttätig."

Das Kind sieht sich in einem „feindlichen" Universum und selektiert alle Informationen von außen genau nach diesem Muster. Es entstehen Misstrauen und Angst, das Kind befindet sich in einem ständigen Abwehr- und Stressprozess, in dem es immer darum geht, sich zu schützen und vor weiteren Angriffen auf der Hut zu sein. Hört dieses Kind die Information „Das hast du gut gemacht", so kollidiert diese Information mit seinem Glaubenssatz: „Ich bin schlecht und minderwertig". Der Wahrnehmungsfilter sorgt dafür, dass diese Information nicht aufgenommen wird. Das Kind interpretiert die Information um, damit sie zu seinem Glaubenssatz passt: „Das meint der andere nicht ernst, das stimmt gar nicht, das habe nicht ich gut gemacht, es ist zufällig geschehen, ich muss vorsichtig sein, was will der andere von mir?" Trotz Lob und Anerkennung verbleibt das Kind in einem Zustand der Unsicherheit, Angst, des Misstrauens und im Stress. Es kann keine vertrauensvolle Beziehung zu anderen Menschen eingehen: der andere wird abgelehnt, abgewertet, weil er als Feind gesehen wird.

Auf unser Beispiel bezogen: Wenn Anton negative Glaubenssätze in sich gespeichert hat, dann nimmt er das Lob von Bodo nicht an. Er unterstellt Bodo möglicherweise, dass er es nicht ernst meint, dass er damit etwas Manipulatives bezwecken will. Er gerät unter Stress, fühlt sich angespannt, entwickelt Angst und Ärger. Das Fatale an dieser Art der Informationsverarbeitung besteht darin, dass die grundlegenden Glaubenssätze – positive wie negative – nicht mehr korrigiert werden können. Sie werden durch diese selektive

Filterwahrnehmung immer wieder bestätigt. So wirken sie weiter, während das Kind heranwächst.

Der Erwachsene nimmt diese Glaubenssätze mit in sein Leben, er lebt, bewertet und handelt danach:

Sind in der Kindheit positive Glaubenssätze entstanden, so wirken sie sich „positiv“ auf das gesamte weitere Leben aus. Der Erwachsene lebt in einem „freundlichen Universum“, fühlt sich entspannt und ruhig, ausgeglichen, ist geduldig und zuversichtlich: eine Grundlage, die zu allgemeiner Lebenszufriedenheit und Gesundheit führt.

Der Erwachsene mit destruktiven Glaubenssätzen dagegen wird auf Dauer auf körperlicher, geistiger und seelischer Ebene krank. Er lebt in einem „feindlichen Universum“ mit all den dazugehörenden Konsequenzen.

Beide Beispiele sind Extreme, um die Grundlagen zu verdeutlichen. Im Normalfall kann man davon ausgehen, dass wir eine Mischung von positiven und negativen Glaubenssätzen verinnerlichen, die zusammen genommen unser Selbst- und Weltbild ausmachen. Positive Glaubenssätze lösen angenehme Gefühle wie Freude, Entspannung, Neugier, Vertrauen aus. Negative Glaubenssätze führen dazu, dass in einer Person Trauer, Unsicherheit, Ohnmacht, Hilflosigkeit und Angst entstehen. Angst wiederum löst Ärger aus. Ärger, Wut, Aggression und Angriff dienen dazu, Angst abzubauen, sich wieder zu regulieren, um in einen entspannten Zustand zu gelangen. Auf Dauer funktioniert diese Art der Regulierung jedoch nicht, sondern führt im Gegenteil dazu, dass immer mehr Stress und Angst entsteht.

Es kann nicht oft genug gesagt werden, wie wichtig die Bewertungen eines Außenreizes für die emotionale, körperliche und mentale und damit auch für die *Verhaltensebene* sind! Jeder Gedanke löst ein Gefühl aus: entweder ein Gefühl, das dazu führt, dass man sich interessiert zu einem Menschen nach vorne beugt, oder das einen dazu veranlasst, sich distanziert zurückzulehnen. Sich nach vorn zu beugen bedeutet auf der Verhaltensebene, dem anderen Wertschätzung und Achtung entgegenzubringen: man interessiert sich für ihn, fragt nach, ist bei Meinungsverschiedenheiten an Klärung interessiert. Es erfolgt konstruktive Kritik, man bringt dem anderen Vertrauen entgegen, Fürsorge und Anerkennung. Das führt beim Gegenüber dazu, dass er sich wohlfühlt, so dass auch auf seiner Seite Neugier geweckt ist.

Wenn man die Erfahrung macht, dass Probleme bewältigt werden können und man eventuell Hilfe von anderen bekommt, hat dies Auswirkungen auf die Leistungsmotivation: wir erbringen freiwillig einen hohen Einsatz. Wenn z. B. ein Vorgesetzter an motivierten und engagierten Mitarbeitern interessiert ist, muss er die Begegnung mit ihnen interessiert und respektvoll gestalten, d. h. sich wohlwollend nach vorne beugen. Das ist eine der Voraussetzungen dafür, dass auf freiwilliger Basis mehr geleistet wird. Außerdem führt eine entspannte Atmosphäre dazu, dass Lernen und Arbeit als Erfüllung dessen erlebt werden kann, was unser Gehirn ständig von uns fordert: aktiv sein, neue Verbindungen ausbilden; das Gehirn sucht beständig „Kicks".

Löst der Gedanke ein negatives Gefühl aus, so kommt es z. B. bei Angst und Ärger zu einer distanzierten, irritierenden Reaktion. Sich distanziert zurückzulehnen bedeutet oft, den anderen abzuwerten, zu verurteilen, ihn abzuweisen. Es entstehen Missverständnisse und Konflikte. Man wendet sich ab, es kommt zu Unfairness, Überforderung, Passivität, Widerstand, Verweigerung und/oder dem Versuch, über eine Externalisierung der inneren Problemsituation eine Linderung herbeizuführen (z. B. mittels Projektion: „Der andere ist schuld, dass ich hier nichts mehr tue", oder durch aggressives Verhalten und Mobbing). Die beteiligten Personen befinden sich in Teufelskreisen, die es immer schwerer machen, sie zu unterbrechen und in ein konstruktives Miteinander zu kommen.

Ich möchte an dieser Stelle noch einmal betonen, dass

- wir über Bewertungsmuster bzw. Glaubenssätze alle Informationen in und um uns herum einordnen und interpretieren

- Glaubenssätze unbewusst in uns ablaufen
- es wichtig ist, sich Glaubenssätze bewusst zu machen
- Glaubenssätze über dieses Bewusstmachen verändert und ersetzt werden können.

Es geht hier keinesfalls darum, sich über das Vorhandensein negativer Glaubenssätze in uns zu beklagen. Es geht nicht um Selbstmitleid. Es geht nicht darum, einen Menschen aufgrund der Entstehung negativer Glaubenssätze zu verurteilen. Es geht vielmehr darum zu erkennen, dass man als Erwachsener die Möglichkeit hat, mit und an seinen Glaubenssätzen zu arbeiten. Sie sollten die Verantwortung für Ihre eigenen Glaubenssätze übernehmen, damit Sie in der Lage sind, diese zu verändern. Glaubenssätze, die immer wieder Angst und damit Ärger auslösen, sollten bewusst gemacht und konsequent verändert werden.

Mit diesem Schritt gelingt es Ihnen langfristig, sich eine Wahl zu verschaffen: entweder Sie entscheiden sich für Gedanken, die gut für Sie und Ihr Umfeld sind, oder Sie entscheiden sich für Gedanken, die Ihnen und anderen hochgradig schaden!

**Zusammenfassung Kapitel 1.1**

Bewertungen sind Glaubenssätze, die früh in unserer Kindheit entstehen, die Aussagen über uns und die Welt enthalten, die unbewusst abgespeichert sind und in der Regel nicht mehr korrigiert und verändert werden, es sei denn, wir entscheiden uns bewusst dazu, negative, belastende Glaubenssätze zu verändern. Jeder Gedanke über einen anderen Menschen schafft entweder Freude, Harmonie und Balance oder Irritation und Distanz.

## 1.2 Glaubenssätze und Gehirn

Welche Auswirkungen Glaubenssätze auf unser Gehirn haben, wird in einem weiteren Beispiel dargestellt. Diese Darstellung dient der Orientierung und macht deutlich, wie wichtig es für uns ist, in einem möglichst entspannten Zustand zu sein.

Wir stellen uns vor, Bodo sagt zu Anton: „Du bist im Unrecht!“ Anton reagiert, indem er diese Information ernst nimmt. Er bezieht sie auf sich, fühlt sich angesprochen. Er fügt weitere Bewertungen hinzu und denkt schließlich: „Bodo selbst hat Unrecht. Er sollte seinen eigenen Standpunkt überprüfen. Wie kann er so etwas behaupten, er hat kein Recht, mich zu kritisieren.“

Auf neuronaler Ebene wird die *Amygdala* aktiviert, der sogenannte *Mandelkern*, ein kleiner Teil im vorderen, mittleren Bereich des Gehirns, der zuständig ist für die emotionale Bewertung von Situationen. In der Amygdala wird „entschieden“, ob es sich beim Außenreiz um eine Bedrohung handelt oder nicht. In unserem Fall wird der Außenreiz „Du hast unrecht“ als Bedrohung interpretiert. Bedrohung bedeutet Angst. Und Angst führt dazu, dass das Stammhirn aktiviert wird. Das Stammhirn ist für die überlebenswichtigen Funktionen wie Atmung, Blutdruck, Reflexe etc. zuständig. Es wird unterschieden vom Vorderhirn,

*Neocortex* oder auch *Frontalgehirn* genannt, dem Bereich des Gehirns, der für Denken und Analysieren zuständig ist. Alle weiteren Reaktionen werden nun nur noch aus dem Stammhirn gesteuert. Ist das Stammhirn aktiviert, werden Neurotransmitter und Hormone freigesetzt, die dabei helfen, diese vermeintliche Kampfsituation zu meistern. Der Körper befindet sich in weniger als ein bis zwei Sekunden in einer Alarm- und Kampfsituation. Es werden Reflexe und unbewusste Reaktionen aktiviert.

Auf unser Beispiel bezogen bedeutet das: ab jetzt stehen Anton ausschließlich Kampf- oder Fluchtreaktionen zur Verfügung. Das Frontalgehirn, mit dem Anton abwägen könnte, welche sinnvollen Möglichkeiten, Alternativen und konstruktiven Lösungen in dieser Situation weiterhin zur Verfügung stünden, ist regelrecht abgeschaltet. Je nachdem, wie Anton es gelernt hat und es gewohnt ist, reagiert er in Kampf- und Fluchtsituationen entweder mit Rückzug oder ärgerlich und wütend, d. h. er greift an. Beide Reaktionen – sowohl ängstlich sich zurückziehend als auch wütend angreifend – dienen dem Zweck, aus Kampfsituationen herauszukommen, sich zu schützen, das innere Gleichgewicht wiederherzustellen. Wenn Anton ebenfalls mit Angriff reagiert, zieht er daraus den Nutzen, sich umgehend zu regulieren, sich wieder zu beruhigen, das innere Gleichgewicht wiederherzustellen, seine Macht über die Situation wieder zurückzugewinnen. Anton könnte also verbal angreifen, indem er sagt: „Es ist wieder mal typisch, wie unverschämt du bist, du kannst nicht anders als kritisieren und andere Leute fertig machen." In der Hoffnung, damit Bodo getroffen zu haben, so dass er ruhig ist und nichts mehr erwidert, und ihn damit „in die Flucht geschlagen zu haben", kann Anton anfangen sich zu beruhigen. Es wird jedoch eine zweite Runde eröffnet, wenn Bodo sich nicht unterordnet und seinerseits einen weiteren Angriff startet. Damit geht es nur noch um Angriff und Verteidigung, die Inhalte, worin man sich vielleicht uneins ist, spielen keine Rolle mehr. Auf unbewusster Ebene geht es nur noch um Angst und Ärger und deren Regulierung, was nicht von Vernunft (dem Frontalgehirn) geleitet, sondern nur über Reflexe (dem Stammhirn) gesteuert wird.

In vorgeschichtlicher Zeit hat uns diese schnelle und unmittelbare Reaktion aus dem Stammhirn genutzt, ja sie hat unser Überleben gesichert: befand sich ein Mensch zu dieser Zeit in einer Bedrohungssituation, so sah er sich beispielsweise einem Raubtier oder einem wütenden Feind gegenüber. Der Mensch musste in Bruchteilen von Sekunden reagieren, er hatte keine Zeit, verschiedene Handlungsoptionen und Lösungsstrategien zu bewerten, er musste unmittelbar handeln: entweder „Beine in die Hand und weg", Angriff oder

Totstellreflex. Das ermöglichte ihm die schnelle Reaktion aus dem Stammhirn. Das Frontalgehirn mit vernünftigen, kreativen und ungewöhnlichen Lösungen arbeitet in diesen Situationen deutlich zu langsam.

Im 21. Jahrhundert sieht sich der moderne Mensch eher selten einem Raubtier gegenüber, reagiert aber trotzdem noch immer durch die Aktivierung der Amygdala aus dem Stammhirn. Worte werden als Bedrohung interpretiert, aktivieren die Amygdala und wir sind innerhalb kürzester Zeit im Kampf- und Fluchtmodus. Wir werden lernen müssen, dass Worte keine wirkliche Gefahr darstellen. Stellen Sie sich z. B. folgende Situation vor:

Ein Vorgesetzter steht vor seinem Mitarbeiter und sagt in lautem Ton, dass er „immer alles falsch" macht. Übernimmt der Mitarbeiter nun unreflektiert diese Äußerung und fügt seinerseits noch Bewertungen hinzu, die ergeben, dass das, was der Vorgesetzte von sich gibt, gefährlich ist, schaltet er automatisch auf die Reflexebene Stammhirn um. Der Vorgesetzte wird zu einer realen Bedrohung, d. h. er wird als „Raubtier" wahrgenommen, das ihn bildlich gesprochen aufzufressen droht. Genau diese Verschiebung „Vorgesetzter wird zum Raubtier" führt in Streit und weitere Missverständnisse. Obwohl vor langer Zeit mit dieser schnellen Einordnung und noch schnelleren Reaktionen das Überleben der Menschheit gesichert wurde, wird heutzutage durch diese Bewertung und Regulation unser Zusammenleben und nicht zuletzt unser Überleben bedroht.

Kämpfe im zwischenmenschlichen Bereich, in Gruppen, Familien, Vereinen, Firmen, Wirtschaft, Politik oder Gesellschaft werden oftmals nur auf dieser Ebene ausgetragen: jeder versucht seine Angst zu regulieren mit Kampf- und Angriffsmethoden aus dem Stammhirn heraus. Probleme, Inhalte, Themen, zu denen es konstruktive Lösungen geben muss, bleiben auf der Strecke. Von unserem kreativen Frontalgehirn machen wir kaum Gebrauch. Damit das in Zukunft geschehen kann und wir tatsächlich einen Fortschritt in unserer Entwicklung machen können, ist es ungemein wichtig, Worte so zu bewerten, dass sie nicht als Bedrohung interpretiert werden. Der Mitarbeiter in unserem Beispiel kann lernen, den Satz: „Du machst immer alles falsch“ sachlich zu interpretieren. Er könnte als Bewertung hinzufügen, dass sein Vorgesetzter unsachlich ist, sehr pauschal urteilt, vielleicht übermüdet oder überfordert ist. Damit wird der Außenreiz nicht als Bedrohung bewertet, das Stammhirn nicht aktiviert, folglich bleibt das Frontalhirn aktiv. Der Mitarbeiter kann nachfragen, entspannt und gelassen, was der Vorgesetzte genau meint.

Unser Ziel sollte also darin bestehen, möglichst wenige Außenreize als Bedrohung zu bewerten. Damit werden die Stammhirnreaktionen gestoppt. Das Frontalgehirn bleibt eingeschaltet. Es werden wunderbare Lösungen zu den verschiedensten Problemen gefunden. Angst und/oder Ärger als spontane Reaktionen können wir, auch wenn wir lernen, viele Außenreize anders zu bewerten, nicht immer verhindern. Dann sollte es allerdings selbstverständlich für uns werden, sich bewusst zu machen, dass wir im Angst- und Ärgermodus sind, um so schnell wie möglich aus diesem Zustand herauszugehen.

Die Vorteile sind:

- Ich fühle mich wieder besser, ruhig und entspannt (siehe dazu auch die nächsten Kapitel).
- Ich finde konstruktive Lösungen.
- Ich bin wieder in der Lage, selbst über mich zu bestimmen.
- Ich habe die Kontrolle über mich – nicht meine Reflexe und automatischen Reaktionen.

Eine Möglichkeit, so schnell wie möglich aus Angst und Ärger herauszugehen, ist die Vergebung. Vergebung ist eines der machtvollsten Instrumente.

**Zusammenfassung Kapitel 1.2**

Glaubenssätze wirken auf die neuronalen Prozesse in unserem Gehirn. In der Amygdala wird „entschieden“, ob es sich bei einem Außenreiz um eine Bedrohung handelt oder nicht. Bei Bedrohung wird das Stammhirn mit seinen automatisierten und reflexhaften Reaktionen aktiviert. Das Frontalgehirn wird ausgeschaltet, es kann nicht mehr logisch, analytisch über eine Situation nachgedacht werden. Wir sind heutzutage zu oft in einem Alarmzustand, der es uns nicht mehr ermöglicht, vernünftig zu handeln.

## 1.3 Auswirkungen von Angst und Ärger

*„Ich hörte mal, dass man Verdruss*
*womöglich streng vermeiden muss."*
*- Wilhelm Busch -*

Im vorherigen Kapitel wurde beschrieben, welche Auswirkungen Bewertungen von Informationen auf unsere Gefühle haben. Bewertungen, d. h. Glaubenssätze, lösen automatisch und unbewusst angenehme oder unangenehme Gefühle aus. Auch die Prozesse in Körper und Gehirn, die bei Angst ablaufen, wurden kurz beschrieben. Für das Verständnis, warum es so wichtig für uns ist, immer wieder so schnell wie möglich in die Vergebung zu gehen, sollen diese körperlichen Abläufe nun ausführlicher dargestellt werden. Dieses Kapitel verdeutlicht, mit welchen körperlichen Auswirkungen kurz- und langfristig zu rechnen ist, wenn wir über einen längeren Zeitraum in Angst oder Ärger verbleiben. Zur einfacheren Orientierung und zum besseren Verständnis werden einige Begriffe, die im Text immer wieder verwendet werden, vorab definiert und erläutert.

### 1.3.1 Autonomes Nervensystem

Das *autonome Nervensystem* wird unterteilt in *Sympathikus* und *Parasympathikus*. Der Sympathikus sorgt für eine nach außen gerichtete Aktionsfähigkeit bei tatsächlicher oder gefühlter Bedrohung. Der Parasympathikus bewirkt eine allgemeine Erholung und einen Aufbau von körpereigenen Reserven. Beide Systeme laufen unbewusst ab und sorgen dafür, dass je nach Bedarf und Notwendigkeit entweder Entspannung und Erholung (parasympathische Reaktion) oder Aktivierung (sympathische Reaktion) ausgelöst wird. Über das autonome Nervensystem wird die Aktivierung unserer Organe gesteuert. Beide Systeme sind aufeinander eingespielt wie Bremsen und Gasgeben.

Wir sind gesund, fühlen uns ausgeglichen und voller Kraft und Energie, wenn beide Systeme gut aufeinander eingestellt und in einem balancierten Maß miteinander reagieren. Der Parasympathikus (auch als *rest and digest system* bezeichnet) wird aktiviert, um für einen Grundzustand der Ruhe, Leichtigkeit und ein Gefühl des Friedens zu sorgen. Der Sympathikus wird gebraucht für eine milde Aktivierung, für Begeisterung, Lebenskraft und gesunde Leidenschaften, *gelegentlich* ist auch eine stärkere Aktivierung des Sympathikus notwendig, um mit herausfordernden Situationen fertigzuwerden.

Bei einem Gefühl von Entspannung und Ruhe werden im Gehirn Dopamin, Oxytocin und endogene Opiate ausgeschüttet, was u. a. zu einem Gefühl von Vertrauen, Einsatzbereitschaft, Gemeinschaftsgeist, Freude und zur Stärkung des Motivationssystems führt. Lernen wird gefördert, es kann genau das passieren, was unser Gehirn im eigentlichen Sinn ständig will: aktiv sein und neue neuronale Verbindungen herstellen. Ganz anderes geschieht im Gehirn, wenn eine angespannte, gestresste, mit Ärger verbundene Stimmung vorliegt. Dann ist die Balance zwischen Parasympathikus und Sympathikus gestört. Es kommt zu einer Überaktivierung des Sympathikus. Die Folgen für unseren Körper und Geist werden im Kap. 1.3.3 beschrieben.

### 1.3.2 Amygdala und Stressachse

Mit Amygdala (übersetzt *Mandelkern*, so genannt wegen ihres mandelförmigen Aussehens) wird ein kleiner, paarweise angeordneter Teil im vorderen, mittleren Bereich des Gehirns bezeichnet, der zuständig ist für die emotionale Bewertung von Situationen.

Die Aufgabe der Amygdala besteht darin, jede Information aus dem Außen einzuordnen und innerhalb weniger Sekunden zu entscheiden, ob wir uns in einer sicheren, entspannten, geschützten oder in einer bedrohten, ausgelieferten, ungeschützten Situation befinden. Das führt dazu, dass auf ältere Hirnareale umgeschaltet wird. Diese älteren Hirnareale sorgen dafür, dass unser Verhalten *automatisch* geregelt wird, was den Vorteil hat, dass der Mensch in Gefahrensituationen sehr schnell reagieren kann. Es kommt zu Reiz-Reaktionsverhalten, reflexhaftem Reagieren. Ein Mensch kann, *ohne zu überlegen*, eine Maßnahme ergreifen, um sich aus der Bedrohung wieder zu befreien. Die sogenannte Stressachse oder auch *HHNA-Schiene* (Hypothalamus-Hypophysen-Nebenniere-Achse) wird aktiviert, was innerhalb weniger Minuten geschieht. Es werden Adrenalin, das Stresshormon Cortisol und andere erregende Transmitter, z. B. Botenstoffe wie Noradrenalin und Acetylcholin ausgeschüttet. Der Organismus wird sozusagen „hochgefahren", fit gemacht für eine Bedrohungs- und Belastungssituation. Wirkung von Adrenalin: Erhöhung der Herzrate, Herzklopfen, schnelle Atmung, Blässe oder Erröten, Schwitzen, Zittern, Magen-Darm-Aktivierung (Entleerung, um schneller laufen oder besser kämpfen zu können). Sämtliche Energiereserven werden aktiviert, um die Person auf eine Kampf- oder Fluchtsituation vorzubereiten.

Zusätzlich reagiert das sympathische Nervensystem innerhalb weniger Sekunden. Damit wird Glukose (Zucker) nicht mehr gespeichert, sondern in den Blutstrom zur Aktivierung der Muskulatur abgegeben. Zusammen mit den kardialen (Herz-Kreislauf betreffenden) und den sympathischen Reaktionen entsteht eine maximale Effizienz der Muskelarbeit, die notwendig ist für Kampf oder Flucht. Zusätzlich ist das Frontalgehirn – im Vergleich mit dem Stammhirn ein neuerer Gehirnbereich – mit Aktivierung des Stammhirns abgeschaltet. Folge: Wir fühlen uns „leer“ im Kopf, es kann nicht mehr darüber nachgedacht werden, was für uns am besten ist. Wir sind im Kampf- oder Fluchtmodus, in dem es nur noch darum geht, für das Überleben zu sorgen. Der Gegner muss entweder angegriffen oder die Flucht ergriffen werden. In der Vorzeit, als wir noch als Jäger und Sammler unterwegs waren und uns ständig in Gefahrensituationen befanden, war diese Reaktion und dieses reflexhafte Verhalten durchaus sinnvoll. Vor einem Bären oder Säbelzahntiger konnten wir es uns nicht leisten, in Ruhe darüber nachzudenken, was jetzt wohl das Beste für uns und das Tier wäre. In wenigen Sekunden bereit zu sein, zu kämpfen oder schnellstmöglich zu verschwinden, hat unser Überleben gesichert.

Waren wir als Jäger oder Sammler einer Gefahrensituation entkommen, schaltete die Amygdala wieder um: das Stammhirn wurde deaktiviert, die HHNA-Schiene gestoppt, das parasympathische Nervensystem übernahm wieder die Kontrolle, das Frontalgehirn stand wieder zur Verfügung. Dopamin, Oxytocin, Serotonin wurden ausgeschüttet: Botenstoffe und Hormone, die für Entspannung, Leichtigkeit, Freude, ein Gefühl von Frieden und Wohlbefinden sorgen. Alle körperlichen Prozesse wurden wieder auf Ruhe, Erholung und Regeneration ausgerichtet.

### 1.3.3 *Auswirkungen von Ärger auf Körper, Denken und Verhalten*

Betrachten wir zunächst einen destruktiven Glaubenssatz, der in einer konkreten Situation aktiviert wird.

Ein Beispiel: Der 17-jährige Sohn Tom streitet mit seiner Mutter Gisela, die ihn auf seinen Alkoholkonsum am Wochenende angesprochen hat: „Du nervst, lass mich in Ruhe, ich bin alt genug, selber zu entscheiden." Wenn Gisela jetzt denkt: „Ich kann mich nie durchsetzen, er macht, was er will, ich bin hilflos, ich bin eine schlechte Mutter, ich bin nicht gut genug", dann werden unbewusst alle weiteren Glaubenssätze, die Gisela in ihrer Lebensgeschichte zu den Themen Hilflosigkeit und Kontrollverlust entwickelt hat, aktiviert. Damit wird die Situation, in der sich Gisela befindet, als bedrohlich und erschreckend erlebt.

In der Amygdala ist Toms Äußerung, dieser äußere Reiz, als bedrohlich eingestuft worden. Gisela befindet sich innerhalb weniger Sekunden in einem Kampf- und Fluchtmodus:

- das Stammhirn ist aktiviert
- das Frontalgehirn ist ausgeschaltet, sie fühlt sich irgendwie „leer" im Kopf
- sie ist nur noch zu reflexhaftem Reagieren in der Lage

- die Stress-Achse ist aktiviert: Adrenalin, Cortisol, Acetylcholin werden ausgeschüttet
- die Herzrate wird erhöht, Herzklopfen, schnelle Atmung, Blässe oder Erröten, Schwitzen, Zittern treten auf, Magen und Darm werden aktiviert
- das sympathische Nervensystem ist innerhalb weniger Sekunden aktiviert
- damit wird Glukose (Zucker) nicht mehr gespeichert, sondern in den Blutstrom zur Aktivierung der Muskulatur abgegeben
- zusammen mit den kardialen (Herz-Kreislauf betreffenden) und den sympathischen Reaktionen entsteht eine maximale Effizienz der Muskelarbeit, die notwendig ist für Kampf oder Flucht
- sämtliche Energiereserven werden aktiviert, um Gisela auf eine Kampf- oder Fluchtsituation vorzubereiten
- ihr Sohn ist der Feind, der entweder angegriffen oder vor dem die Flucht ergriffen werden muss.

Was bedeutet dieser Zustand für ihr *Verhalten* gegenüber ihrem Sohn? Wenn Gisela es gewohnt ist, eher mit Angriff als mit Flucht zu reagieren, wird sie ihren Sohn verbal angreifen: „Noch bist du nicht volljährig und hast zu tun, was ich sage. Ich verbiete mir deinen Ton, du wirst schon sehen, wie ich dich in Ruhe lasse!“ Es kommt zu einem Streitgespräch, in das sich beide mehr und mehr hineinsteigern, bis sie keine Kontrolle mehr darüber haben, was sie tun und sagen. Wenn Gisela es dagegen gewohnt ist, die Flucht zu ergreifen, geht sie eventuell wortlos aus der Situation heraus, ohne eine Lösung oder Einigung zu erzielen. Sie verbleibt in der Gefahrensituation aufgrund eines Streits ohne Lösung, einer Flucht ohne Lösung. Die Erfahrung einer erfolgreichen Bewältigung einer Konfliktsituation bleibt ihr verwehrt. Damit *bleibt sie in der Stressreaktion*, die HHNA-Schiene ist langfristig aktiviert, sie bleibt in einer angstauslösenden, erregenden Daueranspannung, einer immunsuppressiven, d. h. das Abwehrsystem unterdrückenden Reaktion. Auch wenn Gisela lange aus der unmittelbaren Konfrontation mit ihrem Sohn heraus ist, *lösen allein Gedanken und Erinnerungen an die Situation immer wieder Angst aus.* Sie gerät also nicht nur unmittelbar in der akuten Belastungssituation unter Stress, sondern wird dauerhaft allein durch das Erinnern an die Situation in Angst und Ärger versetzt.

Machen Sie sich bewusst, wie oft Sie an schwierige, ungelöste vergangene Situationen denken. Jedes Mal, wenn das geschieht, wird erneut Stress erzeugt, auch wenn Sie sich äußerlich in ganz ruhigen Situationen befinden! In unserem Beispiel gerät Gisela in einen

Kreislauf von Ohnmachts- und Angstgefühlen, die auf physiologischer Ebene zur Ausschüttung von angstmachenden Transmittern und Botenstoffen sorgen. Die Gegenregulation zur Anspannung versagt, Entspannung und Beruhigung finden nicht mehr statt. Das hat langfristig zur Folge, dass Körper und Geist immer mehr geschädigt werden. Es beginnt damit, dass Schlaf und Gedächtnis gestört sind.

Weitere Folgen auf körperlicher und geistiger Ebene können sein:

**Gastrointestinal (Magen- und Darmsystem)**
*Geschwüre, Dickdarmentzündungen, Reizdarmsyndrom, Durchfall, Verstopfung*

**Immunologisch (Abwehrsystem)**
*Häufige Erkältungen, Grippen, langsame Wundheilung, Anfälligkeit für ernsthafte Entzündungen*

**Kardiovaskulär (Herz-Kreislauf, Blutgefäße)**
*Arterienverkalkung, Herzinfarkte*

**Endokrinologisch (Hormonsystem)**
*Typ-2-Diabetes, prämenstruelles Syndrom, niedrige Libido, Erektionsstörungen*

### Psychische Folgen

*Ängste werden fokussiert, bewusste und unbewusste Erinnerungen an angstbesetzte Situationen stellen sich vermehrt ein. Die Aufnahme von neuen Informationen wird gehemmt, das bedeutet, dass positive Erlebnisse nicht mehr wahrgenommen und/oder gespeichert werden. Das wiederum hat zur Folge, dass negative Gefühle nicht mehr korrigiert werden können.*

*Depressive Reaktionen entstehen: Noradrenalin wird durch Cortisol gehemmt. Noradrenalin bewirkt, sich wach und fit zu fühlen, voller geistiger Energie. Wird das Ausschütten von Noradrenalin durch Cortisol unterdrückt, so fühlen wir uns matt, apathisch, unsere Konzentration lässt nach. Auf Dauer führt diese Veränderung weiterhin dazu, dass der Dopaminspiegel sinkt, ein wichtiger Botenstoff für das Erleben von Freude. Zusätzlich wird der Serotoninspiegel gesenkt. Damit sind wir noch anfälliger für niedergeschlagene Stimmung, es herrscht ein wenig waches Interesse an der Welt. Wir befinden uns in einem immer belastenderen und bedrohlicheren Teufelskreis.*

### Kognitive Folgen

*Im Zustand von Anspannung, Angst und Stress ist ein anderer Denkstil aktiviert als im Zustand von Sicherheit und Entspannung. Bei sehr intensiver Angst kommt es wie oben beschrieben zu einer Deaktivierung des Fron-*

*talgehirns, bei leichterer Anspannung oder Angst wird zwar noch „gedacht“, aber in einer völlig anderen Qualität.*

*Mit körperlicher und psychischer Sicherheit ist ein Denkstil verbunden, der als* top-down *bezeichnet wird. Dabei bleibt das Frontalgehirn eingeschaltet, kreatives Denken wird ermöglicht, Visionen entwickelt, man ist auf das große Ganze konzentriert, risikoreichere Varianten werden ausprobiert.*

*Der* bottom-up-*Denkstil setzt im Vergleich dazu ein, wenn körperliche Anspannung herrscht oder ein Gefühl der Bedrohung. Dann ist der Aufmerksamkeitsfokus eingeengt, das Risikoverhalten minimiert, Einzelheiten und Details werden beachtet, die Wahrnehmung wird auf das zu lösende Problem fokussiert. Bei hohem Stresslevel können im Extremfall nur noch einfachste Tätigkeiten oder Routineabläufe absolviert werden, d. h. man beschäftigt sich nur noch mit Bekanntem, die Konzentrationsfähigkeit ist vermindert, es wird umgeschaltet auf das Stammhirn, wodurch nur noch Flucht- oder Angriffstendenzen umgesetzt werden können.*

Die Langzeitfolgen von Stress, d. h. das Verbleiben in einem Zustand von Angst und Ohnmacht, sind auf körperlicher Ebene fatal, sie führen unweigerlich in Krankheit bis hin zu vorzeitigem Tod.

Heutzutage befinden wir uns allzu oft in diesem

Dauerzustand von Angst und Stress. Wir sollten uns bemühen, wenn uns unser Wohlbefinden wichtig ist, diesen Kreislauf immer wieder so schnell wie möglich zu unterbrechen. Wir sollten Bewältigungsstrategien entwickeln, um aus vermeintlichen Gefahrensituationen so schnell wie möglich herauszukommen. Wir müssen Bewertungen und Glaubenssätze so verändern, dass die Amygdala immer mit Entwarnung reagieren kann. Wir sollten daran arbeiten, zu erkennen, dass unser Gegenüber kein Bär oder Säbelzahntiger ist.

Es liegt in unserer Hand, es liegt in unserer Verantwortung, dafür zu sorgen, dass wir uns wohlfühlen. Ich kann entscheiden, ob ich in Angst und Schrecken gehe mit all den oben beschriebenen Konsequenzen für Körper und Geist oder in die Entspannung und Ruhe. Das gilt es zu lernen. Dazu muss ich mir meiner Bewertungen und Glaubenssätze bewusst sein, dazu muss ich erkennen, wann und wodurch ich im Ärger bin. Ärger und damit Angriff und Aggression als eine Lösungsstrategie gegen Angst wird nicht die erhoffte Wirkung bringen. Ärger schnellstmöglich zu erkennen, die Bewertungen dazu bewusst machen und in die Vergebung gehen, das wird mich in die Entspannung bringen. Vergebung ist eine machtvolle Bewältigungsstrategie bei Angst und Ärger. Vergebung ist für unser Wohlbefinden und unsere Gesundheit absolut notwendig.

**Zusammenfassung Kapitel 1.3**

In diesem Kapitel wurde beschrieben, welche Auswirkungen Ärger auf das autonome Nervensystem und auf unsere Stressachse, die sogenannte HHNA-Schiene, hat. Ärger löst eine Reaktion im Sympathikus aus, welche zu einer Aktivierung des gesamten körperlichen Systems führt. Hält diese Aktivierung zu lange an, kommt es zu einer dauerhaften Schädigung vieler verschiedener Prozesse und Organe im Körper. Der Gegenspieler: der Parasympathikus, der für Ruhe, Entspannung und Erholung sorgt, wird nicht mehr in ausreichendem Maß aktiviert. Damit verbleiben wir Menschen in einer fast permanent anhaltenden Stressreaktion, mit den krankmachenden Reaktionen in Körper, Geist und Psyche.

## 2. Vergebung

*„Wir müssen jenen vergeben, von denen wir glauben, dass sie uns Unrecht angetan haben. Nicht, weil sie es verdienen, sondern weil wir so viel Liebe für uns selbst empfinden, dass wir nicht weiterhin für diese Ungerechtigkeiten bezahlen wollen."*
*- Miguel Ruiz -*

Wie im vorangegangenen Kapitel dargestellt, ist es für unsere Gesundheit und unser inneres Gleichgewicht mehr als sinnvoll, sich auf den verschiedensten Ebenen möglichst häufig in einem möglichst entspannten, ruhigen und friedlichen Zustand zu befinden. Es wurde ebenfalls deutlich gemacht, welche Rolle Bewertungen und Gedanken in Zusammenhang mit Außenreizen spielen. In diesem Kapitel werden Möglichkeiten gezeigt, wie wir diese Bewertungen und Gedanken in uns selbst so verändern und steuern können, dass immer häufiger eine ruhige, entspannte innere Reaktion entsteht. Bei Ärger, Wut oder Zorn spielt Vergebung die zentrale Rolle zur Regulierung des inneren Zustandes.

Vergebung wird ganz allgemein als Verzicht einer Person auf den Schuldvorwurf angesehen. Sie bezieht sich sowohl auf eigene als auch auf Verfehlungen anderer. Vergebung kann vollständig als innerer Prozess ablaufen, unabhängig davon, ob eine andere Person ihre Handlung bereut oder Einsicht zeigt.

In Beziehungen zu anderen Menschen ist es nicht zu

vermeiden, dass es zu Enttäuschungen, Verletzungen oder Kränkungen kommt. Diese Verletzungen können unterschiedlichen Schweregraden zugeordnet werden. So gibt es leichtere Verletzungen in Alltagssituationen (z. B. unfreundliche Kritik, Ehemann vergisst den Hochzeitstag) oder schwerere bei Lebensereignissen (z. B. Verlust des Arbeitsplatzes, Trennung, Scheidung), oder ganz intensive bei Traumatisierungen (z. B. unverschuldeter Verkehrsunfall, erleiden einer Gewalttat, Misshandlung oder sexueller Missbrauch). Alle Verletzungen lösen eine Stressreaktion aus. Erfolgt keine Vergebung zu diesen Verletzungen, so kommt es zu mehr oder weniger schwerwiegenden Folgeschäden bei den Opfern. Die Folgen dieser Stressreaktion sind im vorangegangenen Kapitel beschrieben worden. Ergänzt werden muss, dass es bei länger bestehenden Verletzungen wie beispielsweise bei Traumatisierungen zu posttraumatischen Verbitterungsstörungen kommen kann. Dabei erlebt das Opfer immer wieder auftretende Intrusionen: plötzliches und ungewolltes Wiedererinnern und Wiedererleben der traumatischen Erfahrung. Das Opfer versucht Situationen, die an das Ereignis erinnern könnten, zu vermeiden, was zu starken Beeinträchtigungen und Einschränkungen im Alltag der betroffenen Person führt. Die Person bleibt mit dem Täter in einer negativen zerstörerischen Beziehung verbunden, was zu immer mehr Schäden beim Opfer führt, je länger diese Verbindung bestehen bleibt.

> „Unversöhnlichkeit, Bitterkeit, Ressentiments und Wut sind mit den vier Mauern einer Gefängniszelle vergleichbar, in die das Opfer eingeschlossen ist. Vergebung ist der Schlüssel, mit dem die Gefängniszelle wieder geöffnet werden kann."
>
> (Robert D. Enright)

Wichtig ist: Vergebung kann nicht eingefordert werden. Wenn jemand bereit ist zu vergeben, so ist das aus seiner freien Entscheidung heraus entstanden. Dabei bedeutet Vergebung nicht, dass man die Tat vergisst, sie relativiert, sie annimmt, die Folgen akzeptiert, sie billigt oder gar rechtfertigt. Vergeben führt dazu, dass sich das Opfer aus seiner Hilflosigkeit und Ohnmacht befreit. Man gewinnt wieder seine Unabhängigkeit zurück und kann wieder selber bestimmen, wie man sich fühlt, was man tun oder lassen will. Der wichtigste Effekt von Vergebung besteht darin, dass wir uns aus kurz- oder langfristig bestehendem Stress befreien.

Im folgenden Beispiel vergegenwärtigen wir uns einen Moment, in dem in einer alltäglichen Situation eine Verletzung leichteren Schweregrades entsteht. Anschließend wird beleuchtet, was zu tun ist, wenn man sich bereits über lange Zeit in einem ärgerlichen, vielleicht sogar verbitterten Zustand befindet.

Der *erste Schritt* besteht darin, sich seiner Bewertungen/Gedanken und Erwartungshaltungen bewusst zu werden.

Beispiel: Ein Mann ruft seine Frau an: „Ich muss heute bis 20 Uhr arbeiten, wir müssen unseren Kinoabend verschieben." Bewertet die Frau diese Worte – diese akustische Schallwelle – nun z. B. so, dass sie denkt: „Das passt ja gut, ich hatte heute auch gar nicht so große Lust auszugehen, dann machen wir uns anschließend einen gemütlichen Abend", so bleibt sie in einem gelassenen, ruhigen inneren Zustand und kann entspannt auf die Äußerung ihres Mannes reagieren: „Danke fürs Bescheidsagen, viel Erfolg bei der Arbeit, ich freue mich auf dich!"

Ganz anderes geschieht, wenn sie auf diese Schallwellen mit anderen Bewertungen reagiert. So könnte sie z. B. auch denken: „Das ist wieder typisch! Immer versetzt er mich, die Arbeit ist wichtiger als ich, wahrscheinlich mag er mich nicht mehr." Das führt zu Stress, Anspannung und einem Gefühl der Bedrohung, die Amygdala ist aktiviert, Angst wird ausgelöst, das Stammhirn reagiert, Kampf- und Fluchtreaktionen setzen ein – das bedeutet auf der emotionalen Ebene: Ärger. Auf der Verhaltensebene beginnt eine Auseinandersetzung (Kampf) oder sie zieht sich zurück, sagt nichts zu der Entscheidung ihres Mannes (Flucht). An dieser Stelle kann nun ein Lernprozess einsetzen und damit kommen wir zum *zweiten Schritt*: Wir können lernen, negative Bewertungen durch das Sich-Bewusstmachen zu stoppen und durch andere zu ersetzen. In diesem Fall würde das bedeuten, dass die Frau, bevor sie handelt, in die Vergebung geht!

Vergebung bedeutet auf diese gegenwärtige Situation bezogen, dass das, was im Außen geschieht, zunächst vollkommen angenommen wird. Der Außenreiz, in unserem Beispiel die Worte des Mannes, werden angenommen und akzeptiert. Das, was im Außen passiert, darf geschehen; das, was im Außen ist, darf genau so sein, wie es ist. Die Entscheidung des Mannes, in unserem Beispiel für die Arbeit und gegen den gemeinsamen Kinoabend, kann ihm von der Frau vergeben werden. Damit nimmt sie sein Handeln mit Respekt und Wertschätzung an. Sie macht sich bewusst, dass in dieser Situation das Handeln ihres Mannes aus seiner Sicht das Beste ist, was ihm zur Verfügung steht. Jeder gibt in jeder Situation sein Bestes! Wenn er etwas Besseres in der Situation geben könnte, würde er es tun! Durch diese neue Sichtweise wird eine neue Erwartungshaltung aufgebaut, die zum einen der Person selbst guttut, die aber auch beim Gegenüber neue bzw. andere Verhaltensweisen ermöglicht.

Ähnlich kann auch vorgegangen werden, wenn es sich um eine länger bestehende Verletzung intensiven Schweregrades handelt. Schauen wir uns wieder ein Beispiel an: Nach einer langjährigen Ehe mit mehreren Kindern betrügt der Ehemann seine Frau, es kommt zu Auseinandersetzungen, schließlich zur Trennung und Scheidung. Die Bewertungen der Frau könnten folgendermaßen ausfallen: „Das habe ich nicht verdient, ich habe ihm jahrelang den Rücken freigehalten, er hat Karriere gemacht, ich musste zu Hause bleiben, mich um die Kinder kümmern! Das hätte er nicht tun dürfen, er hat mein Leben zerstört, das werde ich ihm heimzahlen!" Es entsteht unmittelbar maximaler Stress, mit allen physiologischen und mentalen Folgen: die Frau befindet sich in der Kampfposition, in der ihr nur Angriff oder Flucht zur Verfügung stehen. Damit wird auf der Verhaltensebene gestritten und/oder sich zurückgezogen. Die Frau gerät in eine Situation, in der sie sich ohnmächtig und hilflos den Handlungen ihres Mannes ausgeliefert fühlt, was nicht nur intensive Angst, sondern auch Ärger und Wut auslöst: eine weitere Zunahme von Stress. Die Frau kann mehr oder weniger nur noch re-agieren, wenig selbst bestimmen, nicht vorgeben, was jetzt geschehen soll, nicht ihre Position durchsetzen. Es wird gekämpft und gestritten, Wut und Ärger werden immer wieder aktiviert. Damit ist die Frau nicht mehr in der Lage, konstruktive

Lösungen für sich zu entwickeln und umzusetzen. Sie bleibt in ihren Bewertungen das Opfer.

Viele Paare trennen sich materiell, finanziell, örtlich. Die emotionale Trennung wird jedoch nicht vollzogen. So bleiben die Partner in Ärger und Wut, in der Opferhaltung und damit emotional, wenn auch in einer negativen Verbindung miteinander verbunden. Wenn man nicht aktiv die Bewertungen zu dieser Erfahrung ändert, bleibt man schlimmstenfalls bis ans Ende des Lebens in dieser emotional destruktiven Haltung und es entsteht eine *Verbitterungsstörung* mit allen dramatischen Konsequenzen:

- Interessenverlust
- allgemeine Lustlosigkeit
- häufiges Grübeln
- Schlafstörungen und andere körperliche Reaktionen, bis hin zur Entwicklung von ernsthaften Erkrankungen
- geringe Belastbarkeit
- depressive oder auch aggressive Stimmungen auf emotionaler Ebene
- Rückzugsverhalten auf der Verhaltensebene.

Aus dieser Lage kann die betrogene Ehefrau sich nur befreien, indem sie in die Vergebung geht. Der wichtigste Effekt der Vergebung besteht darin, dass sie aus der Stressreaktion herauskommt. Sie löst sich aus der Opferhaltung, und damit verschwinden Ohnmacht und Hilflosigkeit. Es entsteht wieder Entspannung und Ruhe mit all den positiven Effekten in den physiologischen, mentalen und emotionalen Bereichen. Langfristig kann ihre Verletzung gut verarbeitet werden und sie geht gestärkt aus dieser Krisensituation heraus.

In einer derartigen Krisensituation geht es um die Verarbeitung von zahlreichen verschiedenen Faktoren. Werden Ärger und Wut nicht gleich zu Beginn aufgelöst, so ist es fast unmöglich, die darunterliegenden Störungen zu erfassen und zu verarbeiten. Gerade bei schweren Verletzungen oder sogar Traumatisierungen muss Vergebung erfolgen, denn „Ärger ist das sicherste Konservierungsmittel eines Problems" (Michael Bohne). Das bedeutet, dass man sich nur über ein Problem ordentlich ärgern muss, um es im Erleben zu erhalten. Um das zu verhindern, kann man sich ganz bewusst für die Vergebung entscheiden. Man entscheidet bewusst, in andere innere Bewertungen zu gehen. Erst dann kann man sich mit den mit dieser Krisensituation verbundenen Ängsten, mit der Traurigkeit und der Verzweiflung, mit Schuldgefühlen auseinandersetzen und sie lösen. Wird die Ärgerschicht nicht aufgelöst, bleibt man im Kampfmodus.

Auf das Beispiel der betrogenen Ehefrau bezogen bedeutet das, dass die Frau sich entscheiden sollte, ihrem Mann zu vergeben: Sie kann sich dazu entscheiden, ihrem Mann zu vergeben, dass er sie betrogen hat. Sie macht sich klar, dass das eine Tatsache ist und dass es keinen Sinn macht, gegen diese Tatsache weiter durch Ärger und Wut anzukämpfen. Durch diese Vergebung erlangt die Frau einen inneren emotionalen Zustand, in dem sie in der Lage ist, in Ruhe für sich zu überlegen, was jetzt für sie das Beste ist, Lösungen zu finden und umzusetzen und sich darüber klar zu werden, was sie aus diesem Lebensereignis für sich und über das Leben lernen kann. Im Folgenden wird beschrieben, wie dies mit Hilfe verschiedener Vergebungstechniken ermöglicht werden kann.

Vergebung bei schweren Verletzungen oder Traumatisierungen fordert von der Person enorm viel Stärke und Mut. Es ist alles andere als einfach, einem Täter zu vergeben. Die Person hat selbstverständlich das Recht, wütend zu bleiben. Bei traumatisierten Personen ist es im Therapieprozess bereits ein Fortschritt, auf den Täter überhaupt wütend zu werden. Mit der Zeit sollte dann allerdings entschieden werden, aus der Wut herauszugehen, um die positiven Konsequenzen für sich zu erreichen. Es sei hier noch mal darauf hingewiesen, dass Vergebung keine Ent-Schuldigung der Tat bedeutet; sie wird nicht gebilligt, gerechtfertigt oder hingenommen. Vergebung wird ausschließlich durchgeführt, damit die Person sich von einer Tat vollkommen distanzieren kann und damit wieder in ihre Stärke zurückfindet. Aus dieser Stärke heraus kann sie Lösungen für sich finden. Aus der *Ent-Machtung*, die die Person durch den Übergriff erlebt hat, wird die Person sozusagen wieder *er-mächtigt*. Nur darum geht es! Die Person kann sich über Vergebung vollständig aus der Opferhaltung befreien und wieder selbstbewusst und selbstbestimmt ihr Leben führen.

Vergebung bedeutet in andere Bewertungen des Geschehens hineinzugehen. Das betrifft sowohl leichtere Verletzungen als auch schwere oder traumatisierende. Wie man das erreichen kann, wird in den nun folgenden Abschnitten vorgestellt. Das Ziel besteht jeweils darin, dass die Person lernt, das Geschehen, das ihr widerfahren ist, anzunehmen. Statt weiter zu denken: „Das hätte der andere nicht tun dürfen, das habe ich nicht verdient!“, kommt die Person mit der Zeit in Bewertungen wie etwa diese: „Es ist, wie es ist, es darf sein, was passiert ist.“ So ungeheuerlich sich dieser Satz als Reaktion auf eine Gewalttat anhört, so wichtig ist es, sich bewusst zu machen, dass diese andere und neue Bewertung die Chance ist, loszulassen und in den Heilungsprozess zu kommen. Wie man das für sich erreichen kann, wird mit verschiedenen, sehr effektiven Methoden in Kapitel 3 vorgestellt.

**Zusammenfassung Kapitel 2**

Vergebung wird als Verzicht einer Person auf den Schuldvorwurf anderen und sich selbst gegenüber angesehen. Sie bezieht sich sowohl auf eigene als auch auf Verfehlungen anderer. Vergebung kann vollständig als innerer Prozess ablaufen, unabhängig davon, ob eine andere Person ihre Handlung bereut oder Einsicht zeigt. Vergebung führt zur Ermächtigung der gekränkten und verletzten Person.

# 3. Vergebungstechniken

*„Es gibt nichts Gutes außer man tut es!"*
*- Erich Kästner -*

In diesem Kapitel werden Techniken vorgestellt, die dazu dienen, vergeben zu können, unabhängig davon, ob es sich um leichtere, schwere oder traumatisierende Verletzungen handelt. Ausgewählt wurden dazu Vergebungstechniken, die auf unterschiedlichen Wirkmechanismen basieren. Voraussetzung der Anwendung aller Techniken ist, dass die Person, die vergeben will, dazu bereit ist. Im Vergebungsprozess ist das immer der erste Schritt: eine klare Absicht zu formulieren, die anzeigt, dass die Person bereit ist, das Unverzeihliche zu verzeihen. Der Satz „Ja, ich will!" ist nicht nur ein Satz in einer uns wohlbekannten Situation, sondern sollte als Entscheidung bewusst, klar und eindeutig vorliegen. Nur diese Entscheidung und die Absicht, aus Bewertungen und Gedankenmustern, die zu Angst, Ärger und Wut führen, herausgehen zu wollen, wird eine Veränderung bei der betroffenen Person bewirken. Anschließend kann eine der Techniken zur Anwendung kommen, um den Vergebungsprozess so schnell, effektiv und effizient wie möglich zu gestalten.

Um vergeben zu können, brauchen wir Zeit, selbst wenn wir über noch so effektive Techniken verfügen. Bei Vergebung handelt es sich immer um einen Prozess, der Geduld erfordert. Es ist kein Schalter in uns vorhanden, den wir umlegen können und anschließend ist alles vergeben. Je nach Schweregrad benötigen wir mehr oder weniger Zeit, bis der Vergebungsprozess abgeschlossen ist und wir imstande sind, an das Ereignis zu denken, ohne emotional betroffen zu reagieren. Manchmal braucht es nur wenige Minuten, Stunden oder Tage, manchmal braucht Vergebung Wochen, Monate, vielleicht sogar Jahre. Zeit spielt keine Rolle! Wichtig ist es, immer wieder diesen Akt der Vergebung zu vollziehen, denn jedes Mal, wenn er praktiziert wird, wird ein Gefühl von Entspannung, Ruhe und Frieden ausgelöst mit seinen Auswirkungen auf die

- physiologische Ebene
- kognitive Ebene
- emotionale Ebene
- Verhaltensebene.

Diese momentanen, unmittelbaren Wirkungen sind für die betroffene Person sinnvoll und wichtig und bringen sie mit der Zeit in den beständigen, anhaltenden Abstand zum ursprünglichen „Außenreiz".

Bei den Techniken, die sich als äußerst wirksam in der Behandlung von Ärger und Wut erweisen, handelt es sich um:

- PEP nach Michael Bohne
- 4 Fragen nach Byron Katie
- Hoʻoponopono.

Diese Techniken sind nicht speziell zur Verarbeitung von Ärger und Wut entwickelt worden. Sie können allgemein zur inneren Regulierung genutzt werden, unabhängig von der Art des belastenden Zustandes. Der Schwerpunkt hier ist auf Vergebung gelegt, also darauf, wie diese Techniken zur Anwendung kommen, um vergeben zu können. Gemeinsam haben die Techniken, dass sie alle von der Person, die vergeben will, selbstständig angewendet werden können. Die Person ist auf keine andere Person angewiesen, die sie dabei unterstützen müsste. Bei traumatisierenden Verletzungen sollte dieser Prozess von einem Therapeuten begleitet werden. Parallel dazu kann die Person die Vergebungstechniken zu Hause für sich selbst anwenden.

Die einzelnen Techniken unterscheiden sich durch recht unterschiedliche Wirkmechanismen, die im Folgenden dargestellt werden. Machen Sie sich mit diesen Verfahren vertraut und wählen Sie für sich die Technik, die Sie am stärksten anspricht.

## 3.1 PEP

*„Probleme kann man niemals mit derselben Denkweise lösen, durch die sie entstanden sind.“*
*- Albert Einstein -*

Seit einigen Jahren werden verschiedene Theorien, Modelle und Anwendungen unter dem Begriff der *Energetischen Psychologie* in die Psychotherapie aufgenommen. Unter Energetischer Psychologie versteht man eine Zusammenfassung verschiedener Ansätze, die die Traditionelle Chinesische Medizin, die Applied Kinesiologie und kognitive Methoden umfassen. Erste Anwender dieser Methoden sind Georg Goodheart, Roger Callahan, John Diamond und Fred Gallo. Alle Techniken dienen dazu, belastende Emotionen und dysfunktionale Gedanken und Glaubenssätze zu reduzieren und aufzulösen. Hier wird der neue Ansatz von Michael Bohne vorgestellt und zur Anwendung angeboten.

Die Abkürzung PEP steht für *Prozessorientierte Energetische Psychologie*. Dabei handelt es sich um die von Michael Bohne weiterentwickelte Methode der sogenannten Klopftechniken, eine effektive Verbindung und Kombination von Psychotherapie nach wissenschaftlich fundierten Methoden mit der Wirkweise des Meridiansystems. Bohne hat in seinem Modell mögliche Wirkweisen herausgearbeitet. Auch wenn diese Mechanismen noch nicht streng wissenschaftlich nachgewiesen sind, so erscheinen sie sinnvoll und plausibel. Man darf neugierig sein, was die ersten wissenschaftlichen Untersuchungen dazu ergeben werden.

Da die Anwendung der Methoden im Fokus dieses Buches steht, wird die Theorie nur am Rande betrachtet. Die Wirkhypothesen, die von Bohne angeführt werden, sind:

- neurobiologisch
- neurohumoral
- embodimentfokussiert
- reziproke Hemmung
- positive Kontroll- und Selbstwerterfahrung
- Selbstwirksamkeitserfahrung
- Befriedigung verschiedener Grundbedürfnisse
- Meridiansystem.

Hier wird deutlich, wie vielschichtig die Wirkung dieser Methoden ist. In unterschiedlichsten Bereichen und auf verschiedenen Ebenen bewirkt dieser Ansatz Veränderungen und führt daher zu einer recht schnellen, sehr effektiven und nachhaltigen Gesamtveränderung von belastenden Gefühlen, einschränkenden Bewertungen und Glaubenssätzen.

Mit dieser Methode geht man nach folgendem Schema vor:

1. Benennung des Problemsatzes
2. Verknüpfung dieses Satzes mit der Selbstakzeptanzübung
3. Klopfen der Meridianpunkte
4. Zwischenentspannung
5. Big Five.

***1. Benennung des Problemsatzes***

Die Person ist zunächst gefordert zu formulieren, um welche Belastung es sich genau handelt. Dieser Schritt bewirkt, dass man sich darüber Klarheit verschafft, was man konkret bearbeiten will. Die Person muss sich ihre Bewertungen und Glaubenssätze verdeutlichen und bewusst machen. Es soll ein Gefühl benannt werden, z. B. Ärger, Angst, Wut, Trauer und die dazu gehörenden einschränkenden Gedanken. Ein solcher Problemsatz könnte z. B. lauten: „Ich ärgere mich, weil ich zu viel Schokolade gegessen habe!" Oder: „Ich ärgere mich, weil mein Chef mich vor den Kunden kritisiert hat!" Als Nächstes kann auf einer Stress-Skala von 1 bis 10 eingeschätzt werden, wie belastend dieser Problemaspekt ist. Eine 1 würde bedeuten „ganz egal", 10 bedeutet „unerträglich schlimm". Damit hat man einen Referenzpunkt, um zu überprüfen, wie die Belastung während des Klopfens sinkt.

***2. Verknüpfung dieses Satzes mit der Selbstakzeptanzübung***

Dieser Schritt ist absolut wichtig und bewirkt bereits eine tiefgehende Veränderung. Die zu bearbeitenden Gefühle und Gedanken werden anerkannt und die Person steht zu sich selbst. Der Problemsatz wird kombiniert mit dem Satz: „Ich liebe und akzeptiere mich so, wie ich bin, von ganzem Herzen!“ Der vollständige Satz lautet dann: „Auch wenn ich das Problem XY habe, liebe und akzeptiere ich mich von ganzem Herzen!“ Für die oben genannten Beispiele lautet der Satz: „Auch wenn ich mich ärgere, weil ich zu viel Schokolade gegessen habe, liebe und akzeptiere ich mich so, wie ich bin“ bzw. „Auch wenn mein Chef mich vor den Kunden kritisiert hat, liebe und akzeptiere ich mich so wie ich bin von ganzem Herzen!“ Die Person macht sich deutlich, dass sie sich mit ihrem Problem vollständig annimmt. Sie ist nicht wegen des Problems auch noch zusätzlich gegen sich gerichtet.

Diese Selbstannahme führt dazu, dass Angst reduziert wird. Bislang war die Person eher damit beschäftigt, das Problem vor sich und der Welt zu verbergen, aus Angst, in den Augen der anderen und vor sich selbst schlecht dazustehen und abgewertet zu werden. Gelingt es der Person jetzt, zu sich zu stehen, sich trotz der Problematik anzunehmen und „Ja“ zu sich zu sagen, wird dadurch eine große Entlastung und Entspannung entstehen. Allein dieser Schritt wird, häufig und konsequent durchgeführt, zu einer positiven Selbstbeziehung führen. Während dieser Satz laut ausgesprochen wird, wird gleichzeitig der Selbstakzeptanzpunkt gerieben. Dieser Punkt befindet sich auf der linken oberen Brustseite. Die rechte Hand wird auf diese Stelle gelegt und mit kreisenden Bewegungen aktiviert.

***3. Klopfen der Meridianpunkte***

Bei diesem Schritt geht es darum, dass 15 verschiedene Meridianpunkte beklopft werden, um einen blockierten Energiefluss wieder zu aktivieren. Dabei geht man von der Annahme aus, dass bei emotionalen Problemen eine Blockade in einem Meridian vorliegt, die den freien Fluss der Energie stört. Gelingt es nun, diesen Energiefluss durch das Beklopfen der Meridianpunkte wieder in Gang zu setzen, so lösen sich belastende Emotionen und dysfunktionale Gedankenmuster auf. Auch wenn wissenschaftliche Ergebnisse fehlen, die diese Annahmen belegen könnten, so ist nicht von der Hand zu weisen, dass es beim Klopfen tatsächlich zu Emotionsregulationen und zur Veränderung des zugrundeliegenden Gedankenmusters kommt. Die Methode der Traditionellen Chinesischen Medizin ist ein über 5.000 Jahre altes Heilritual, das bis heute wirksam genutzt wird. Während die Person diese 15 verschiedenen Punkte am Körper beklopft, spricht sie bei jedem

Punkt den Problemsatz laut aus. Dadurch bleibt sie auf das zu behandelnde Thema konzentriert und ist darüber hinaus gefordert zu beobachten, was im Innern geschieht. Sie kann wahrnehmen, welche Gedanken, körperlichen Reaktionen oder Gefühle während dieser Behandlung auftauchen.

Die 15 Meridianpunkte liegen an folgenden Körperstellen:

- auf der Augenbraue am Innenwinkel
- seitlich am Auge
- unter dem Auge
- unter der Nase
- unter der Oberlippe
- unter dem Schlüsselbein
- zwischen Brust und Rippenbogen
- unter dem Arm (ca. eine Handbreite unter der Achsel)
- im oberen Drittel des Brustbeins
- an der Nagelfalz des Daumens
- an der Nagelfalz des Zeigefingers
- an der Nagelfalz des Ringfingers
- an der Nagelfalz des kleinen Fingers
- an der Handkante
- auf dem Handrücken zwischen dem kleinen Finger und dem Ringfinger.

Die Meridianpunkte werden hier nicht weiter erläutert, da die Person für die Bearbeitung der Problematik diese Informationen nicht benötigt. Für das Thema Vergebung ist nur ein Punkt wichtig: der Meridianpunkt an der Nagelfalz des Zeigefingers.

### *4. Zwischenentspannung*

Nachdem alle 15 Meridianpunkte beklopft sind, folgt die Zwischenentspannung. Dazu wird der Punkt auf dem Handrücken ohne Unterbrechung beklopft, während die Person aufgefordert ist, Augenbewegungen auszuführen, danach zu summen, zu zählen und noch einmal zu summen. Dieser Schritt dient als Separator, wird als Musterunterbrechung eingesetzt und bewirkt die Aktivierung verschiedener neuronaler Areale. Im Anschluss daran können noch einmal alle 15 Punkte beklopft werden. Danach wird wieder eingeschätzt, wie hoch der Stresswert auf der Belastungsskala ist. Im Idealfall sollte er jetzt in einem Bereich von 1 bis 3 liegen.

### *5. Big Five*

Die Big Five sind von M. Bohne beschriebene Lösungsblockaden, die bearbeitet werden, wenn der Stresswert beim Klopfen nicht sinkt. Nach Bohne gibt es fünf Bremsen, die eine Entwicklung behindern können:

- Vorwurf sich selbst gegenüber
- Vorwurf einem anderen gegenüber
- Erwartungen an andere
- Schrumpfen: man fühlt sich kleiner, jünger, hilfloser, geht ins Kindheits-Ich
- man gerät in einen Loyalitätskonflikt zu wichtigen Bezugspersonen, die selbst nicht glücklich, gesund, erfolgreich sein konnten, durften oder wollten.

Im Kontext der Vergebung sind allein die beiden Lösungsblockaden „Vorwurf sich selbst gegenüber" und „Vorwurf einem anderen gegenüber" von Interesse. Wir nutzen aus dieser gesamten komplexen Methode also nur einen kleinen Teil mit dem Ziel der Vergebung. Fühlt sich der Leser angesprochen von der gesamten Methode, so seien ihm die Bücher von M. Bohne wärmstens empfohlen.

## Anwendung dieser Methode

### *Schritt 1*

Im ersten Schritt wird der Problemsatz herausgearbeitet. Wie lautet konkret der Vorwurf? Vorwürfe können gegen sich selbst oder andere gerichtet sein. Es ist sinnvoll, die Vorwürfe auszusprechen und aufzuschreiben. So können diese Sätze z. B. beginnen mit:

- „Ich werfe mir vor, dass ..."
- „Ich werfe XY vor, dass ..."

Der Leser ist gebeten, sich Zeit zu nehmen, in Ruhe alle Vorwürfe zu sammeln. Es spielt keine Rolle, ob es sich um einen einzelnen Satz oder um mehrere Sätze handelt. Unwichtig ist auch, ob es lang zurückliegende Vorwürfe sind oder gerade erst erlebte.

***Schritt 2***

Mit der bewussten Bereitschaft zur Vergebung wird entschieden, mit welchem Satz begonnen werden soll. Danach wird dieser Satz verknüpft mit der Selbstakzeptanzübung und lautet:

- „Auch wenn ich mir vorwerfe, dass ..., liebe und akzeptiere ich mich von ganzem Herzen."
  Oder:
- „Auch wenn ich XY vorwerfe, dass ..., liebe und akzeptiere ich mich von ganzem Herzen."
- Dabei wird der Selbstakzeptanzpunkt aktiviert: mit der rechten flachen Hand werden auf der linken Brustseite kreisende Bewegungen im Uhrzeigersinn durchgeführt. Insgesamt wird dieser Satz während der Aktivierung des Selbstakzeptanzpunktes dreimal laut ausgesprochen.

***Schritt 3***

Im nächsten Schritt ist es wichtig, sich Klarheit zu verschaffen, ob man selbst oder ob die involvierte Person zum Zeitpunkt der Verletzung nicht anders handeln konnte, oder nicht anders handeln wollte. Entsprechend wird der Vergebungssatz angepasst und dreimal laut ausgesprochen. Währenddessen wird der Meridianpunkt an der Nagelfalz des Zeigefingers beklopft.

Für die *Selbstvergebung* lautet der Satz: „*Und jetzt vergebe ich mir von ganzem Herzen, dass ich das getan habe, weil ich mir bewusst mache/da mir klar wird, dass ich nicht anders konnte und/oder nicht anders wollte!*“ *Anschließend kann mit erhobener Hand laut und deutlich ausgesprochen werden: „Und dazu stehe ich jetzt!“*

Für die *Vergebung bei Vorwürfen anderen gegenüber* kommt ein weiterer Schritt hinzu. Dazu wird der Selbstakzeptanzsatz ergänzt mit der Aussage, dass man die Verantwortung für das Handeln dieser Person ganz bei dieser Person belässt. Während man den Selbstakzeptanzpunkt aktiviert, wird dreimal der Satz ausgesprochen: „*Auch wenn XY mir das angetan hat, liebe und akzeptiere ich mich von ganzem Herzen und die gesamte Verantwortung für dieses Verhalten/diese Verletzung lasse ich bei ihm/ihr!*“

Es entlastet enorm, wenn dazu mit einer Handbewegung diese Verantwortung weggeschoben wird. Mit der rechten Hand führt man eine Handbewegung zur rechten Seite aus, so als wollte man ein Gewicht nach außen wegdrücken. Anschließend wird wie bei der Selbstvergebung dreimal der Satz laut ausgesprochen mit der Aktivierung des Meridianpunktes am Zeigefinger: *„Und jetzt vergebe ich XY von ganzem Herzen, dass er/sie mir das angetan hat, weil ich mir bewusst mache/ da mir klar wird, dass XY zu dem Zeitpunkt nicht anders konnte!“* Anschließend kann mit erhobener Hand laut und deutlich ausgesprochen werden: *„Und dazu stehe ich jetzt!“*

Diesen Ablauf wiederholt man immer wieder. Je nach Schweregrad der Verletzung wird unterschiedlich viel Zeit benötigt, bis man feststellt, dass man ganz vergeben hat und versöhnt ist. Zeit spielt keine Rolle. Wichtig ist, dass man in diesem Prozess des Vergebens bleibt. Jede einzelne Handlung der Vergebung bringt Ruhe und Entspannung. Jeder Moment, in dem man Vergebung praktiziert, bedeutet für den Körper in den parasympathischen Modus umschalten zu können, mit all seinen wohltuenden Effekten. Diese Effekte stellen sich auch bei den in Kapitel 3.2 und 3.3 beschriebenen Methoden zur Vergebung ein.

## 3.2 4 Fragen nach Byron Katie

*„Sobald wir aufhören, die Wirklichkeit zu bekämpfen, wird alles Tun einfach, leichtfüßig und furchtlos."*
*- Byron Katie -*

Die amerikanische Psychotherapeutin Byron Katie entwickelte diese 4-Fragen-Technik und arbeitet damit bei jeder Störung, egal ob es sich dabei um Depression, Angsterkrankung, Posttraumatische Belastungsstörung, Sucht etc. handelt. Mit Hilfe dieser Technik gelingt es, sich von den belastenden Gedanken und Bewertungen zu distanzieren. Die Person wird in die Lage versetzt, ihr bewertendes Gedankenmuster zu hinterfragen und durch ein neues Bewertungsmuster zu ersetzen. Auch mit dieser Methode wird die Idee, dass Bewertungen und Interpretationen von Außenreizen ein Problem hervorrufen, als Grundlage zur Veränderung genutzt. Das Ziel besteht darin, sich bewusst zu machen, welche Bewertungen/Interpretationen/Glaubenssätze man einem Außenreiz hinzufügt, die zu Ärger und Wut führen, wie sehr man sich mit diesen Interpretationen selbst schadet und wie man durch alternative Bewertungen/Interpretationen wieder in Ruhe und Entspannung kommen kann. Die vier Fragen von Byron Katie lauten:

1. Ist es wirklich wahr? Kannst du sicher sein, dass dieser Gedanke wirklich wahr ist?
2. Wo führt dich dieser Gedanke hin, wie reagierst du, wenn du diesen Gedanken glaubst?
3. Wie wärst du ohne diesen Gedanken?
4. Kehre den Gedanken um.

Die Person ist als Erstes aufgefordert, einen Gedanken herauszugreifen, der sie belastet, und diesen schriftlich festzuhalten. Zu diesem Gedanken werden anschließend die vier Fragen gestellt:

***1. „Kannst du sicher sein, dass dieser Gedanke wirklich wahr ist?"***

Diese Frage wird nur mit *Ja oder Nein* beantwortet. D. h. dass man nur dann mit „Ja, dieser Satz entspricht der Wahrheit" antworten kann, wenn man zu 100 % sicher ist, dass der Satz wahr ist. Der Satz wird in seiner Allgemeingültigkeit überprüft. Gibt es nur ein einziges Gegenbeispiel, das man anführen könnte, gibt es nur den geringsten Zweifel, dass der Satz tatsächlich immer und überall zutrifft, so wird festgehalten: „Nein, dieser Satz stimmt nicht!"

Das kritische Hinterfragen ist sehr wichtig. Nehmen Sie sich für diesen Schritt ausreichend Zeit, gründlich zu überlegen und zu überprüfen. Sie werden geneigt sein, sehr schnell zu antworten: „Mein Gedanke ist wahr", weil Sie sich sehr mit Ihren Gedanken identifizieren. Bei der Überprüfung Ihrer Gedanken werden Sie jedoch feststellen, dass Sie in vielen Fällen „unwahre Gedanken" entdecken werden. Unsere Lügengeschichten (etwas übertrieben formuliert) begleiten uns Menschen seit Anbeginn unserer Geschichte. Selbst die Vertreibung aus dem Paradies ist darauf zurückzuführen! Dass wir immer wieder unwahre Gedanken produzieren, hat damit zu tun, dass wir die Komplexität, in der wir leben, reduzieren müssen, um uns zurechtzufinden. Das wird auch in Zukunft nicht zu verhindern sein. Mit der einfachen Frage „Ist das wirklich wahr?" ist man allerdings in der Lage, sich bewusst zu machen, dass der eigene Gedanke nicht die Ultima Ratio ist. Man erkennt, dass es viele Wahrheiten gibt, und der Kampf um das Rechthaben wird überflüssig! Die Erkenntnis, dass die eigenen Bewertungen bzw. Interpretationen nicht wahr sein könnten, führt zur Erlaubnis, sich von dieser Überzeugung zu lösen.

### 2. „Wo führt dich dieser Gedanke hin? Wie reagierst du, wenn du diesen Gedanken glaubst?"

An dieser Stelle macht man sich bewusst, welche Gefühle, körperlichen Empfindungen, welche weiteren Gedanken auftauchen, wenn man überzeugt ist, dass der Gedanke der Wahrheit entspricht. Man kann sich fragen, ob dieser Gedanke Frieden oder Stress auslöst, welche Bilder er aus der Vergangenheit zutage fördert oder in die Zukunft projiziert, wie man sich selbst oder andere behandelt, wenn man weiter von dem Gedanken überzeugt ist. Hier wird der Person sehr deutlich, dass ihr Problemzustand tatsächlich durch ihre Gedanken/Bewertungen erzeugt wird und eben nicht durch einen (neutralen) Außenreiz! Eine weitere wichtige Erkenntnis, um bereit zu sein, sich von dem Gedanken/der Bewertung zu lösen.

***3. „Wie wärst du ohne diesen Gedanken?"***

Diese Frage führt die Person in eine theoretische Vorstellung über ihren Zustand ohne Gedanken/Bewertungen. Man kann dazu die Augen schließen und beobachten und überlegen, wer oder was man ist ohne Gedanken, wie man sich fühlt, was körperlich spürbar wird oder auch welche Gedanken Gestalt annehmen, wenn man sich vom ursprünglichen, belastenden Gedanken löst. Es ist wichtig, sich etwas Zeit zu nehmen, um sich in diesen Zustand hineinzuversetzen. Jeder, der diesen Schritt macht, wird erfahren, dass „die Welt in Ordnung ist", wenn man sich von seinen Gedanken lösen kann.

Mit dieser Frage nähern wir uns einem meditativen Zustand. In der Meditation geht es genau darum, sich von seinen Gedanken zu lösen, um die Erfahrung von

Freiheit, Zufriedenheit, Ruhe, Entspannung, Freude, Kraft und Energie zu machen. Jede Person, die sich diese Frage stellt und sich darauf einlässt, macht diese angenehmen Erfahrungen. Wir entdecken damit unseren „Normalzustand", unser eigentliches Naturell. In diesem positiven Zustand kommen wir zur Welt. Jeder von uns war in der Vergangenheit immer in diesem Zustand und wird auch in Zukunft in diesem Ursprungszustand sein können! Es sei denn, wir erzählen uns Lügengeschichten, erschaffen Glaubenssätze oder Bewertungen, die nichts mit der Wahrheit zu tun haben. Dann geraten wir aus diesem wunderbaren „Normalzustand" heraus und Probleme und Belastungen fangen an. Diese Erkenntnis führt dazu, dass man bereit ist, Abstand von seinem Glaubenssatz zu nehmen.

### *4. „Kehre den Gedanken um!"*

Jetzt wird der ursprüngliche Gedanke umgekehrt, ins Gegenteil übertragen. Lautet der Gedanke z. B. „Der andere hätte mich nicht anschreien dürfen!", so heißt der Satz jetzt: „Der andere darf mich anschreien!" Auch wenn sich das im ersten Moment etwas verrückt anhört, so entspricht das doch der Wirklichkeit. Wenn eine Person angeschrien wird, so wird sie angeschrien, das ist eine Tatsache. Wehrt man sich gegen diese Tatsache, in dem man denkt, das darf nicht sein, so wird Widerstand gegen eine Tatsache, gegen die Wirklichkeit erzeugt. Damit ist die Person nicht in der Lage, sich auf diese Tatsache einzustellen und nach Lösungen zu suchen.

Ein anderes, ganz einfaches Beispiel: eine Person hat ein Picknick geplant, es fängt plötzlich an zu regnen. Sie kann jetzt denken: „Warum muss es jetzt regnen, ich wollte ein Picknick machen!“ Man kann sich aufregen und innerlich gegen den Regen kämpfen: „Es sollte nicht regnen!“ Das kann man stundenlang betreiben. Die Frage ist: Führt mich das weiter? Hört es deswegen auf zu regnen? Kein einziger Regentropfen fällt deswegen weniger. Gleichzeitig führt dieser Widerstand gegen die Wirklichkeit dazu, dass keine Lösungen entwickelt werden, die unter diesen Bedingungen die bestmöglichen wären. Man passt sich der neuen Situation nicht an: „Immer wenn es regnet, freue ich mich! Denn wenn ich mich nicht freue, regnet es trotzdem!“ (Karl Valentin). Man bringt seine ganze Energie in die Abwehr, in das Nicht-wahrhaben-Wollen einer Tatsache, man schwächt sich damit permanent selbst, ohne in der Verarbeitung dieser Situation weiterzukommen. Manche Menschen verharren in dieser Abwehr ihr ganzes Leben. Das führt dazu, dass sie sich von diesem Ereignis nicht befreien, keine Lösung zu dieser Problematik erarbeiten können und dauerhaft in einem schädigenden Stress verbleiben.

Nach der Umkehrung des ursprünglichen Satzes

sollen im Anschluss weitere Beispiele angeführt werden, die zeigen, dass diese Umkehrung genauso wahr ist/sein kann wie die ursprüngliche Aussage. So wird der ursprüngliche Satz: „Ich schaffe auch gar nichts!" in den Satz „Ich schaffe ganz viel" umgekehrt. Dazu sollen Beispiele gesucht werden, aus denen eindeutig hervorgeht, was man schon alles in seinem Leben gemeistert und erreicht hat.

Eine andere Variation dieser Umkehrung besteht darin, dass die Person Subjekt und Objekt des ursprünglichen Satzes vertauscht: Statt „Der andere hätte mich nicht anschreien dürfen" lautet der neue Satz jetzt: „Ich hätte den anderen nicht anschreien dürfen!". Damit lenkt man seine Aufmerksamkeit weg vom anderen hin zu sich selbst. Statt dem anderen Vorwürfe und Vorhaltungen zu machen, ist die Person mit diesem Satz ganz bei sich. Bei Vorwürfen anderen gegenüber besteht die Absicht darin, auf den anderen Einfluss zu nehmen und ihn zu verändern. Man sagt dem anderen oder denkt vom anderen, was er zu tun oder zu lassen hat, macht Vorschriften, wie der andere sich zu verhalten hat. In diesem Fall: „Du solltest mich nicht anschreien." In den meisten Fällen stößt man damit allerdings auf Widerstand bei der anderen Person. Die uns bedrohende Person ist in so einer Situation eher selten offen für Hinweise und Korrekturen ihres Verhaltens. Im Gegenteil, sie wird die Verhaltensanweisung als Angriff und Kritik bewerten und damit emotional noch mehr aus ihrem Gleichgewicht geraten. Damit führt die Absicht, den anderen zu verändern, in immer wiederkehrende eskalierende Muster. Die Energie, die aufgewendet wird, den anderen zu ändern, verschlimmert die Situation und führt zu keinem konstruktiven Ergebnis. Man kann einen anderen Menschen nicht ändern! Der andere darf so sein, wie er ist, gleichgültig, wie er ist! Die Energie, die aufgewendet wird, den anderen zu verändern, ist verschwendete Energie. Also Hinwendung zu sich selbst, wenn wir bei einem anderen Menschen Verhaltensweisen entdecken, von denen wir überzeugt sind, sie ändern zu müssen. Also den Satz:

- „Du solltest nicht schreien“ verwandeln in: „Ich sollte nicht schreien!“
- „Du solltest nicht lügen“ verwandeln in: „Ich sollte nicht lügen!“
- „Du solltest freundlicher sein“ verwandeln in: „Ich sollte freundlicher sein.“
- „Du solltest dich um mich kümmern“ verwandeln in: „Ich sollte mich um dich kümmern“ oder: „Ich sollte mich um mich kümmern.“

Diese Umkehrungen führen dazu, dass man bei sich ist und darüber nachdenken kann, ob man die Verhaltensweisen, die man spontan dem anderen vorhält, selbst an den Tag legt. Das Gute daran ist, dass man sich unbewusste Reaktionen bewusst machen und dann entscheiden kann, ob man bei sich selbst daran arbeiten will, diese Verhaltensweisen zu verändern und abzulegen. Der Bezug zu sich selbst ermöglicht einem eine Weiterentwicklung, d. h. die Energie geht in einen Prozess, in dem man wirklich etwas bewirken kann. Die Person hat die Macht und die Möglichkeit, sich selbst zu verändern, jederzeit, an jedem Ort, in jedem Maß, so wie sie es will. Sie ist allerdings vollkommen ohnmächtig und hilflos, wenn sie eine andere Person verändern will. Also gar nicht erst versuchen!

Mit der Umkehrung des ursprünglichen Satzes gelingt es einem einfach und schnell, aus ursprünglichen Mustern herauszukommen. Langfristig kann die eigene Veränderung allerdings auch dazu führen, dass der andere sich ebenfalls verändert. Wird in einem System ein Teil verändert, so verändert sich immer auch das gesamte System, da es sich immer auf Veränderungen neu einstellen und sich ihnen anpassen muss. Bleiben in einer Beziehung Vorhaltungen und Vorwürfe – gedacht oder ausgesprochen – aus, entsteht eine neue emotionale Atmosphäre, in der der andere anfangen kann, sich zu entspannen, was dazu führt, dass er weniger schreit, sich von sich aus um den anderen kümmert etc.

Auch zu dieser Art der Umkehrung sollen im Anschluss Beispiele angeführt werden, die zeigen, dass die Umkehrung genauso wahr ist/sein kann wie die ursprüngliche Aussage. So können wir z. B. über den Satz „Ich sollte nicht lügen“ nachdenken und Situationen finden, in denen wir das gemacht haben.

## Anwendung dieser Methode

Es folgen 2 Beispiele, die deutlich machen, wie die Anwendung dieser 4 Fragen auf Ärger bezogen aussehen könnten. Zuerst wird ein Beispiel beschrieben, in dem die Person sich über sich selbst ärgert. Anschließend folgt ein Beispiel, in dem die Person sich über eine andere Person ärgert.

### *A. Ärger über sich selbst*

Eine Person schreibt zunächst auf, worüber sie sich ärgert oder wütend ist. Sie beschreibt den Vorwurf, den sie sich selbst macht. Der Satz könnte lauten: „Ich bin wütend, ich ärgere mich über mich selbst, weil ich die Prüfung nicht bestanden habe. Das zeigt mal wieder, wie dumm und faul ich bin!“ Hier gilt es zu differenzieren: einerseits die nicht bestandenen Prüfung, andererseits der dazu gehörende Glaubenssatz bzw. die hinzugefügte Bewertung „Ich bin dumm und faul!“.

Diese Unterscheidung ist wichtig! Der Außenreiz ist nicht das Problem, die innere Bewertung ist das Problem, und auf diese Bewertung werden die 4 Fragen jetzt angewandt:

**1. *„Kannst du sicher sein, dass dieser Gedanke wirklich wahr ist?"***

Ist es wirklich wahr, dass ich dumm und faul bin? Kann ich sicher sein, dass diese Bewertung eine allgemeingültige Aussage ist? „Ich bin dumm und faul!" ist so ausgesprochen eine allgemein gültige Aussage, so ausgesprochen bedeutet diese Aussage: „Ich bin immer und in jeder Situation dumm und faul!" Stimmt das wirklich? Bei ehrlicher Überprüfung kann man nur zu dem Schluss kommen, dass diese Aussage so nicht zutrifft. Die Person wird Situationen benennen können, in denen sie intelligent, fleißig und diszipliniert gehandelt hat. Halten wir also fest: bei genauer und ehrlicher Überprüfung dieses Glaubenssatzes ergibt sich, dass dieser Satz nicht stimmt. Er ist eine Lügengeschichte! Eine nicht bestandene Prüfung (Außenreiz) bedeutet nicht (!), dass die Person allgemein betrachtet dumm und faul ist!

***2. „Wo führt dich dieser Gedanke hin? Wie reagierst du, wenn du diesen Gedanken glaubst?“***

Mit dieser Frage macht sich die Person deutlich, was mit ihr geschieht, wenn sie weiter an diesem Gedanken festhält und glaubt, dass er stimmt. Sie stellt fest, dass Ärger und Wut zunehmen, dass sie vielleicht auch traurig wird, es stellen sich Schuld- und Schamgefühle ein. Sie erinnert sich vielleicht an weitere nicht bestandene Prüfungen aus der Vergangenheit, die die Intensität der negativen Emotionen weiter steigern. Sie stellt fest, wie der Körper reagiert, wie sie sich verspannt, wie sich der Magen verkrampft, wie sie Kopfschmerzen bekommt etc. Die Person wird vielleicht beginnen, sich mit Süchten oder Zwängen zu beruhigen: Alkohol, Essen, Fernsehen, Kaufen etc. Wenn sie dann bewusst wahrnimmt, wie sie in diesem Zustand mit anderen umgeht, wird sie bemerken, dass sie ungeduldig ist, dass sie andere angreift, sie kritisiert. Oder sie zieht sich aus jedem Kontakt zurück. Sie bestraft sich selbst, geht lieblos mit sich um. Die Person gerät in einen immer extremeren Problemzustand, weil sie glaubt, dass sie dumm und faul ist, was, wie oben verdeutlicht wurde, eine Lügengeschichte ist. Also ist nicht die nicht bestandene Prüfung das Problem, sondern die negative Bewertung, die fälschlicherweise hinzugefügt wurde; *diese* führt die Person in die extreme Stress-Situation.

### 3. *„Wie wärst du ohne diesen Gedanken?“*

Diese Frage führt uns zu einer theoretischen Vorstellung darüber, wie sich die Person in dieser Situation *ohne* die Bewertung der nicht bestandenen Prüfung wahrnehmen würde. Sie kann für einen kurzen Moment die Augen schließen und darüber nachdenken, wie sie sich fühlen, wie der Körper reagieren würde, welche Gedanken auftauchen würden, wie sie sich verhalten würde, wenn sie sich von sämtlichen Bewertungen lösen könnte. Auch wenn das in dieser Situation nicht ganz einfach ist, so wird doch mit der Zeit eine Vorstellung davon entstehen: die Person wird erkennen, dass sie sich in diesem Zustand entspannt fühlt, frei und friedlich, zufrieden und ausgeglichen. Es taucht sogar Freude auf. Die Person geht mit sich und anderen wohlwollend und liebevoll um. Sie stellt fest, dass Energie und Kraft vorhanden ist, Neugier und Interesse an der Umwelt. Ohne Bewertungen gehen wir sofort in unseren „Normalzustand, in unser eigentliches Naturell“ und erkennen, dass es in Wirklichkeit kein Problem gibt, im konkreten Fall nur eine nicht bestandene Prüfung, was eine Tatsache ist, aber kein Problem.

### 4. *„Kehre den Gedanken um!“*

Aus „Ich bin dumm und faul“ entsteht jetzt: „Ich bin nicht dumm und faul! Ich bin intelligent und fleißig!“

Die Person macht sich bewusst, dass diese Umkehrung genauso wahr oder zutreffender ist als der ursprüngliche Satz. Sie ist aufgefordert, mindestens drei Beispiele zu finden, die diesen Satz belegen. Diese Umkehrung hat nichts mit positivem Denken zu tun. Die Person muss sich keinesfalls *einreden*, dass sie intelligent und fleißig ist; sie wendet sich der Realität zu und entdeckt, dass dieser Satz genauso wahr ist wie der ursprüngliche. Sie erkennt, dass beides stimmt und dass beides auch nicht stimmt, abhängig von der jeweiligen Situation. Sie ist in der Lage zu relativieren, wodurch der Satz seine Bedrohung verliert. Ihr Selbstwert ist nicht mehr in Frage gestellt. Das nimmt ihr zunächst Wut und Ärger und anschließend Angst und Unsicherheit. Jetzt hat sie die Wahl, worauf sie ihren Fokus richten kann. Sie kann sich jetzt entscheiden, ob sie weiter denkt: „Ich bin dumm und faul!“, mit all den daraus entstehenden Konsequenzen, oder ob sie sich mehr auf den Satz konzentriert: „Ich bin intelligent und fleißig!“, mit dem damit gänzlich entgegengesetzten Lebensgefühl und Bewusstsein.

## *B. Ärger über eine andere Person*

Auch hier ist die Person gebeten, den Vorwurf gegenüber einer anderen Person zu benennen und aufzuschreiben. Nehmen wir an, die Person ärgert sich über einen Freund Peter, der zu einem verabredeten Termin, ohne vorher abzusagen, einfach nicht erscheint. Die Person notiert ihre Gedanken/Bewertungen: „Peter ist unverschämt, der hätte kommen oder sich wenigstens abmelden müssen."

### *1. „Kannst du sicher sein, dass dieser Gedanke wirklich wahr ist?"*

Auch hier kann die Antwort nur *Ja oder Nein* lauten. Und in diesem konkreten Fall lautet die Antwort erneut: „Nein, der Gedanke ist nicht wahr, er entspricht nicht der Wirklichkeit." Wahr ist, Peter ist nicht gekommen, hat sich nicht abgemeldet. Das ist Tatsache, das ist die Wirklichkeit! Der Gedanke, er hätte kommen müssen, er hätte sich abmelden müssen, ist nur ein Wunsch bzw. eine Erwartung, der/die in diesem Fall nicht erfüllt worden ist. Der Person liegen zu diesem Zeitpunkt keine Informationen vor, aus welchen Gründen Peter nicht gekommen ist. Aus diesem Grund sollte die Person keine Bewertung vornehmen, weil sie damit möglicherweise irrt. Und die Frage, ob es wirklich wahr ist, dass Peter „unverschämt" ist, kann bei genauer Betrachtung nur verneint werden. Man kann Peter nur als unverschämt bezeichnen, wenn Peter immer und überall unverschämt ist und kein einziges Gegenbeispiel aufzufinden wäre. Auch hier der Hinweis: Peter abzuwerten, ohne Informationen dazu, was tatsächlich die Beweggründe für Peters Verhalten sind, wäre voreilig und könnte sich als Fehlurteil erweisen. Halten wir also fest: Es entspricht nicht der Wahrheit zu denken, Peter hätte kommen müssen, Peter ist unverschämt. Das sind die eigenen persönlichen Erwartungen und Wünsche und Bewertungen, die in keiner Weise mit der Realität übereinstimmen.

***2. „Wo führt dich dieser Gedanke hin? Wie reagierst du, wenn du diesen Gedanken glaubst?"***

Die Person, die an diesem Gedanken festhält, wird sich weiter in Ärger und Wut hineinsteigern, ihr werden vielleicht weitere Situationen einfallen, in denen sie versetzt und dadurch verletzt worden ist, von Peter oder auch von anderen Personen. Weitere negative Bewertungen der Person Peter, aber auch sich selbst gegenüber können folgen. Der Körper reagiert mit Anspannung und Unruhe, die Herzrate steigt, die Atmung wird schneller. Das Verhalten wird auf Angriff umgeschaltet, die Person beginnt einen Streit, die Beziehung zu Peter wird in Frage gestellt, vielleicht kommt es sogar zu einem Beziehungsabbruch. Aus der Tatsache, dass eine Person zum verabredeten Termin nicht erscheint, wird eine Geschichte entwickelt, die sehr schnell mit dem ursprünglichen Anlass überhaupt nichts mehr zu tun hat.

**3. *„Wie wärst du ohne diesen Gedanken?"***

Jetzt kommen wir erneut zu der theoretischen Vorstellung, wie die Person in dieser Situation fühlen würde, wenn sie dem Nicht-Erscheinen von Peter keine Bewertung hinzufügen würde. Sie kann für einen Moment die Augen schließen und sich vorstellen, wie sie sich fühlt, wie der Körper reagiert, welche Gedanken auftauchen, wie sie sich verhält, wenn sie aus allen Bewertungen herausgeht. Auch wenn das in dieser Situation nicht ganz einfach ist, so wird mit der Zeit doch eine Vorstellung davon entstehen: die Person wird erkennen, dass sie sich entspannt, frei und friedlich fühlt, zufrieden und ausgeglichen. Es taucht sogar Freude auf. Die Person geht mit sich und Peter wohlwollend und liebevoll um. Sie stellt fest, dass Energie und Kraft vorhanden sind, Neugier und Interesse an der Umwelt. Ohne Bewertungen geht man sofort in den „Normalzustand, in das eigentliche menschliche Naturell" und erkennt, dass es in der Wirklichkeit kein Problem gibt, in diesem Fall nur ein Nicht-Erscheinen einer Person, was eine Tatsache ist, aber kein Problem.

**4. *„Kehre den Gedanken um!"***

Aus dem Gedanken „Peter ist unverschämt, er hätte kommen oder sich wenigstens abmelden müssen" wird nun: „Peter ist nicht unverschämt, er hätte nicht kommen und sich auch nicht abmelden müssen!"

„Wenn Peter nicht kommt, dann soll er auch nicht kommen, wenn Peter sich nicht abmeldet, dann soll er sich auch nicht abmelden." Diese Art der Umkehrung hört sich wieder recht befremdlich an. Allerdings erreicht man damit, sich auf das zu konzentrieren, was in diesem Moment Realität ist. Tatsache ist, dass Peter nicht kommt und sich nicht abgemeldet hat. Indem die Person den Gedanken zulässt, kann sie sich sehr schnell auf diese Tatsache einstellen und damit beginnen, aus einem neutralen und ruhigen emotionalen Zustand heraus nach Lösungen zu suchen. Dadurch entstehen konstruktive und hilfreiche Möglichkeiten, wie eine unerwartete Situation bestmöglich gemeistert werden kann. Man kann sich gut vorstellen, wie eine Begegnung zwischen der Person und Peter ausfallen wird, wenn sie in dieser Haltung ist, im Vergleich zu einer Begegnung mit dem nicht korrigierten Gedanken: „Peter ist unverschämt, er hätte kommen müssen!"

Interessant sind auch die Umkehrungen, die entstehen, wenn man anfängt, mit dem Satz zu spielen und diese Sätze auf sich selbst anwendet: „Ich bin unverschämt; ich hätte kommen und mich abmelden müssen." Dieser Satz hilft dabei, herauszufinden und ganz allgemein zu überprüfen, ob man ein solches Verhalten selbst schon einmal praktiziert hat. Und bei ehrlicher Überprüfung wird man feststellen, dass man solche Verhaltensweisen von sich selbst durchaus kennt. Gesteht man sich das ein, so führt dies zu mehr Verständnis. Der Fokus wird vom anderen weg und hin zu sich selbst gelenkt. Die Person kommt bei sich selbst an und kann dort ändern, was zu ändern ist. Denn: Die Person kann Peter nicht ändern! Aber sie kann sich selbst ändern. Dazu ist es wichtig, sich eigene Verhaltensweisen und Gedanken bewusst zu machen. Und das gelingt leicht, wenn man mit Umkehrungen spielt. Statt dem anderen Vorwürfe zu machen, nutzen wir diese Vorwürfe, indem wir sie auf uns selbst anwenden und anschließend gegebenenfalls unser eigenes Verhalten ändern.

Eine andere Spielvariante besteht darin, zu denken: „Ich muss nicht kommen und ich muss mich auch nicht dafür entschuldigen." Auch dazu kann man sich Gedanken machen! Das wird eher Menschen ansprechen, die perfektionistisch und zwanghaft bei sich enormen Druck erzeugen, indem sie von sich erwarten, immer alles richtig und erwartungsgemäß auszuführen. Solche Menschen sind dann immer und überall pünktlich, egal wie schwierig die Bedingungen und Situationsvoraussetzungen sind. Sie erlauben sich nicht die geringste Abweichung bei Vereinbarungen und erzeugen innerlich extreme Anspannung, Unruhe und Stress. Sie bekommen lieber einen Herzinfarkt, weil man z. B. im Stau steckt und die Zeitplanung über den Haufen geworfen wird, als sich die Freiheit zu nehmen,

Abmachungen zu ändern. Diese Menschen sollten den Gedanken zulassen: „Ich muss nicht kommen und ich muss mich auch nicht abmelden." Damit werden sie freier, entspannter, flexibler und können sich wieder angemessen auf die Situationsbedingungen einstellen und sich ihnen anpassen.

Die Person, die mit der Umkehrung in dieser Form spielt, macht sich in dem Moment bewusst, dass sie dem anderen etwas vorhält, was sie sich selbst bisher nicht erlaubt hat. Statt weiter dagegen anzukämpfen, hat sie nun die Möglichkeit, über diese zwanghafte Regel nachzudenken, um sie gegebenenfalls aufzuweichen und zu verändern, damit in alltäglichen Situationen weniger Ärger, Druck und Stress entstehen. Zuverlässigkeit, Korrektheit und respektvoller Umgang mit anderen sollen damit auf keinen Fall infrage gestellt werden. Es soll nur für Ausnahmen, wenn die Situationsbedingungen es nicht zulassen, ein Freiraum geschaffen werden, damit Ruhe und Entspannung entstehen und Bestand haben können.

Nachdem die 4 Fragen ausführlich dargestellt wurden, soll im folgenden Kapitel eine weitere effiziente und effektive Methode zur Vergebung dargestellt werden.

## 3.3 Ho'oponopono

*„Wer unfähig ist zu vergeben,*
*ist auch unfähig zu lieben."*
*- Martin Luther King -*

Ho'oponopono ist eine alte hawaiianische Heilmethode, um Beziehungen (auch zu sich selbst) wieder in Ordnung zu bringen. Übersetzt bedeutet dieser Begriff:

*ho'o: eine Handlung in Gang setzen*
*ponopono: Güte, Rechtschaffenheit, Moral.*

Es wird etwas in Ordnung gebracht, berichtigt oder aufgeräumt. Dabei handelt es sich um eine uralte Praxis der Vergebung, die zunächst auf andere Personen, über die man sich ärgert oder auf die man wütend ist, angewendet werden kann. Im Laufe der Zeit entstanden dazu leicht voneinander abweichende, im Kern übereinstimmende Methoden. Die Menschen glaubten und glauben, dass persönliches Fehlverhalten krank machen kann, dass Krankheiten durch Tabubrüche oder Verstöße gegen geistige Gesetze, durch sexuelle Fehltritte oder Ärger verursacht werden. „Wenn du zwei oder drei Tage ärgerlich bist, wird eine Beschwerde oder Krankheit kommen" (Parsons, S. 5 f.). Wenn ein Kind krank war, so wurde den Eltern unterstellt, dass sie streiten oder sich schlecht benehmen. Allgemein gesagt ging man davon aus, dass Krankheiten durch Stress, Schuldgefühle, Beschuldigungen und fehlende Vergebung entstehen. Die Krankheit konnte erst dann geheilt werden, wenn der Leidende bereit war, Buße zu tun.

Bei Konflikten jeglicher Art ging in der Vergangenheit der Schamane in die Familien, um Streit zwischen Familienmitgliedern zu schlichten. Dazu trafen sich Familien entweder täglich oder wöchentlich, um Problemen entweder vorzubeugen oder sie zu lösen, wenn jemand erkrankte. Das Ziel bestand und besteht immer darin, wieder ein gutes Verhältnis zwischen den Familienmitgliedern herzustellen. Dazu wird das Problem formuliert, werden die Verstöße angesprochen. Es wird erwartet, dass jedes Familienmitglied sich selbst und den anderen gegenüber ehrlich ist, daran interessiert, den Konflikt aufzulösen, Schuld einzugestehen, zu bereuen, um Vergebung zu bitten und zu vergeben. Dabei wird auch die spirituelle Ebene miteinbezogen, es werden Gebete zu Anfang und zu Ende dieser Treffen gesprochen. Die Ähnlichkeit zur christlichen Beichte fällt sofort auf. Der Unterschied besteht allerdings darin, dass dieser Prozess nicht im Beichtstuhl hinter verschlossenen Türen mit sich allein stattfindet, sondern in der Gemeinschaft zwischen den Menschen, die von ihm betroffen sind.

Wichtig ist auch der Aspekt, dass die an der Tat beteiligten Personen aufgefordert sind, sich in den Täter hineinzuversetzen, um herauszufinden, was ihn dazu bewogen hat, die „Tat“ zu begehen, das indianische

Sprichwort beherzigend: „Großer Geist, bewahre mich davor, über einen Menschen zu urteilen, ehe ich nicht eine Meile in seinen Mokassins gegangen bin." Durch diese Perspektive können die beteiligten Personen Mitgefühl und Verständnis herstellen. Man versucht zu verstehen, warum man selbst an ihrer Stelle so handeln würde. Es wird überprüft, ob diese Motive und Absichten auch bei sich selbst zu finden sind, mit Fragen wie: „Was ist mein Anteil an dieser Tat, warum und womit habe ich diesen Konflikt erschaffen?" Aus der traditionellen Methode wurde in der Vergangenheit eine für die heutige Zeit angepasste Version erarbeitet und so weiterentwickelt, dass eine sehr einfache Methode entstanden ist. Im Folgenden wird diese moderne Methode vorgestellt, die in einer Familie oder in einer Gruppe von Menschen jedoch auch für eine Person allein durchgeführt werden kann. Sie ist in der Anwendung sehr einfach. Die Auswirkungen auf denjenigen, der sie anwendet und nutzt, sind allerdings tiefgehend und nachhaltig.

Die Personen, die in einen Streit verwickelt sind, können dazu folgende Sätze aussprechen:

1. Ich verzeihe dir, ich verzeihe mir, bitte verzeihe mir.
2. Es tut mir leid.
3. Ich liebe mich, ich liebe dich.
4. Danke!

Voraussetzung für diese Sätze ist der ehrliche Wunsch, eine Veränderung herbeizuführen, dem anderen oder sich selbst zu vergeben oder ihn auch um Vergebung zu bitten. Wie auch bei den vorangegangenen Methoden ist die klare Absicht und Entscheidung zu vergeben/um Vergebung zu bitten absolut wichtig und notwendig. Die Sätze werden immer wieder laut ausgesprochen, gegenüber der Person, der man vergeben möchte, oder leise gedacht, nur an sich selbst gerichtet. So ist man in der Lage, auch Menschen zu vergeben, die nicht anwesend sind, sogar Menschen, die schon gestorben sind. Diese Sätze können als Wünsche gesehen werden, die man immer wieder an eine bestimmte Person adressiert. Nach einigen Tagen oder ein bis zwei Wochen wird man feststellen, dass sich die Gefühle zu dieser Person verändern. Man wird eine neue Leichtigkeit und Stimmungsaufhellung wahrnehmen.

Im Folgenden werden diese Sätze genauer beleuchtet und verdeutlicht, was mit diesen kraftvollen Aussagen verbunden ist. Denn es wird nicht nur darum gehen, dass das Opfer dem Täter vergibt, sondern auch, dass das Opfer den Täter um Vergebung bittet!

***1. Ich verzeihe dir, ich verzeihe mir, bitte verzeihe mir.***

Dieser Satz wird aus der Sicht des Opfers gesprochen. Hier macht sich die Person bewusst, dass sie vergeben will, weil sie weiß, dass dadurch wieder Frieden und

Entspannung in ihr und in der Beziehung zum anderen entstehen werden. Sie hat eine klare Entscheidung getroffen, in ihrem Leben weiterzugehen, ohne den Schmerz der Kränkung, der Wut und des Ärgers. Sie benennt konkret, worum es genau geht, und spricht es laut aus, entweder in Gegenwart der anderen Person oder ohne deren Anwesenheit.

„Ich verzeihe mir/bitte verzeihe mir“, diese Sätze werden aus der Sicht des Täters gesprochen. Der Täter macht sich bewusst, was er getan hat, erkennt, dass er damit sich selbst und dem anderen Leid erschaffen hat. Sich auch selbst verzeihen zu können, um nicht in Schuldgefühlen stecken zu bleiben, ist genauso wichtig wie anderen zu vergeben.

***2. Es tut mir leid.***

Aus der Sicht des Täters gesprochen klingen diese Worte verständlich und machen noch einmal deutlich, dass die Person ihre Tat wirklich bereut. Dieser Satz kann allerdings auch aus Sicht des Opfers ausgesprochen werden! Das erscheint zunächst ungeheuerlich und wirkt wie eine Zumutung. Die Vorstellung, jemanden um Vergebung zu bitten, der einem selbst Schreckliches angetan hat, ist nicht kompatibel mit unserem Gerechtigkeitssinn. Man sieht sich als Opfer, dieser Tat gegenüber ohnmächtig ausgeliefert.

Im Hoʻoponopono wie auch in vielen anderen spirituellen Richtungen und Theorien geht man allerdings davon aus, dass man selbst immer auch Teil des Problems ist. Man kann sich die Fragen stellen, wie, womit, warum, wozu man sich dieses Problem erschaffen hat. Was soll und will man selbst und die Seele lernen, dass man so eine Erfahrung macht? Man kann in den Teil in sich selbst hineinspüren, der am Konflikt beteiligt und für ihn mitverantwortlich ist. Welchen Spiegel hält mir das Leben vors Gesicht? Warum habe ich dieses Problem in mein Leben hineingezogen? Damit kommt man zu sehr tiefen Erkenntnissen über sich selbst und sein Leben, die ausschließlich dazu dienen, uns zu heilen!

### 3. *Ich liebe mich, ich liebe dich.*

Die Aufmerksamkeit wird immer wieder auf Selbstliebe, Nächstenliebe, bedingungslose Liebe gerichtet. Egal, was geschehen ist: sich selbst und den anderen zu lieben ist die Grundlagen für ein zufriedenes und gesundes Leben. Das heißt nicht, dass man die Tat oder das Verhalten des anderen lieben soll! Das bedeutet, dass man von der Tat abstrahiert, den anderen in seiner Göttlichkeit sieht. Das Göttliche in mir und im anderen wird gesehen und respektiert. Man kann hingehen und das Problem, das zu einem gekommen ist, lieben, um die Chance zu nutzen, sich weiterzuentwickeln und zu heilen. „Ich liebe mich mit dem Problem, so wie ich bin." „Ich liebe den anderen in seinem Kern, so wie er ist."

*4. Danke!*

Danke für den Erkenntnisprozess, nicht danke für das Leid und den Schmerz. Danke für das, was jetzt an Heilung bei mir und dem anderen geschehen kann. Danke für das Wunder der Veränderung. Danke für die Energie und Kraft, die zu fließen beginnen; danke für den Frieden und die Entwicklung, die möglich wird, wenn Vergebung stattfindet.

Mit dieser Technik hat man ein mächtiges Instrument der Veränderung in den Händen. Und es ist mehr als nur eine Technik, es ist eine neue Einstellung zum Leben. Ho'oponopono bedeutet Verantwortung übernehmen, Verantwortung für alles, was in unseren Erfahrungsbereich tritt. Damit hat man automatisch auch Macht, alles zu verändern. Die Realität ist das vollständig Ganze: Ich verfüge über einhundert Prozent Verantwortung und einhundert Prozent Macht, mein Gegenüber hat ebenfalls einhundert Prozent Verantwortung und einhundert Prozent Macht! Zwei sind am Problem beteiligt und jeder besitzt einhundert Prozent Verantwortung und Macht! Wir können jederzeit alles so verändern, dass Harmonie, Frieden und Zu-Friedenheit entstehen können. Der wichtigste Schritt dazu besteht darin, wie auch schon bei den anderen

Techniken betont, sich bewusst dafür zu entscheiden: Ich will diese Harmonie, ich bin bereit, alles mir Mögliche dazuzutun, um das zu erreichen.

Was damit gemeint ist, wird deutlich an einer Begebenheit, die Ulrich Emil Duprée erzählt:

„Eine Reporterin wollte den Dalai Lama interviewen. Sie musste warten und während sie draußen auf einer Bank saß, beobachtete sie einen Mann, der einen Hund schlug. Sie war entsetzt. Der Hund wedelte noch mit dem Schwanz, der Mann ungehalten oder betrunken, versetzte dem Tier erst ein paar Hiebe, dann kräftige Tritte. Der Hund winselte laut. Sie selbst konnte sich vor Schreck und Entsetzen nicht bewegen. Als sie später den Dalai Lama traf, sprach sie das Geschehen an. Seine Antwort lautete etwa so: ja, wir müssen Mitgefühl mit dem Hund haben, der so einen Herrn hat und dort viel Leid erdulden muss. Doch wie viel Mitleid müssen wir für den Mann haben, der nicht Herr seiner Sinne ist und seinen treuen Freund misshandelt. Wie viel geistige Schmerzen muss dieser Mann in sich tragen, dass er so etwas tut."
(Ulrich Emil Duprée, S. 102)

## Anwendung dieser Methode

Die Anwendung dieser Methode wird zunächst an einem Beispiel beschrieben, in dem man einem anderen

Menschen vergibt; danach folgt ein Beispiel, in dem man eine eigene Tat bereut und den anderen um Vergebung bittet.

## *A. Einem anderen Menschen vergeben*

Eine ältere Frau wohnt zur Miete in einem Haus gemeinsam mit dem Eigentümer. Die Ehefrau des Eigentümers arbeitet im Garten und lässt den Gartenschlauch vor dem Kellereingang liegen. Die ältere Dame fällt über diesen Gartenschlauch und bricht sich den Arm. Sie beschuldigt den Eigentümer/die Ehefrau, dass man den Gartenschlauch dort nicht hätte liegen lassen dürfen, und fordert Schmerzensgeld. Ein Rechtsanwalt wird eingeschaltet, um sich dieses Geld zu erkämpfen. Die Ehefrau fühlt sich zu Unrecht angegriffen, wird wütend, vermeidet jeglichen Kontakt, hat Angst, ihr zu begegnen, weil sie nicht weiß, wie sie reagieren soll. Würde sie jetzt Ho'oponopono anwenden, so könnte ein Durchgang folgendermaßen aussehen:

***1. Ich verzeihe dir!***

Sie macht sich bewusst, dass sie bereit ist, der älteren Frau zu vergeben. Egal, wie ungerecht die Situation ist, sie vergibt ihr. Und zwar aus rein egoistischen Gründen: damit sie sich selbst wieder wohlfühlen und Lösungen für diese Situation finden kann.

**2. *Es tut mir leid!***

Mit diesem Satz entsteht Mitgefühl. Der Gartenschlauch hat sie stolpern lassen, durch den Sturz ist Schmerz entstanden. Die Ehefrau macht sich bewusst, dass es eine Tatsache ist, dass die Mieterin über den Schlauch, den sie dort abgelegt hat, gestolpert ist. Sie macht sich bewusst, dass es nicht ihre Absicht war, der Frau Schaden zuzufügen, jedoch ihr eigenes Handeln ein Teil des Problems ist. Und das tut ihr leid. Das bedeutet jedoch nicht, dass sie schuld ist! Gestolpert ist die Mieterin aus Unachtsamkeit, die Ehefrau hat sie nicht gestoßen! Verantwortung für den Sturz trägt die Mieterin, nicht die Ehefrau. Sie kann nur Anteilnahme bezeugen und Mitgefühl. In diesem Mitgefühl kann sie auf die ältere Dame anders reagieren als mit Ärger und Wut. Das Mitgefühl wird andere Auswirkungen auf die Mieterin haben als Ärger und Wut, so dass sich damit das Verhalten der älteren Dame ändern wird.

**3. *Ich liebe mich, ich liebe dich.***

Werden diese Sätze ausgesprochen, so wird der Fokus weg von Ärger, Wut und dem Empfinden von Ungerechtigkeit auf einen Bereich gerichtet, der mit Wohlgefühl und Harmonie verbunden ist. Die Ehefrau macht sich bewusst, dass sie sich und ihr Gegenüber unabhängig vom Verhalten so annehmen kann, wie man ist. Die andere Person und man selbst werden nicht mehr reduziert auf diese eine Tat, sondern man sieht sich und den anderen in seiner Ganzheit und macht sich bewusst, dass alle Beteiligten genau so in Ordnung sind, wie sie sind. Niemand ist bösartig und gemein, keiner der Beteiligten ist darauf aus, dem anderen bewusst zu schaden. Auch diese Erkenntnis führt erneut in Entspannung und Wohlwollen, eine wunderbare Grundlage, um ein Problem zu lösen.

***4. Danke!***

Man bedankt sich an dieser Stelle nicht dafür, dass man angezeigt wird, dass Schmerzensgeld gefordert ist, dass ein Rechtsanwalt eingeschaltet wird! Gedankt wird dafür, dass einem möglicherweise vergeben wird und dass man aufgrund dieses Vorfalls die Möglichkeit nutzen kann, über sich selbst nachzudenken. Die Ehefrau kann, wenn sie will, sich fragen, ob dieser liegen gelassene Gartenschlauch ein Hinweis ist, dass sie vielleicht zu sehr gestresst ist. Sie kann darüber nachdenken, ob sie in der Vergangenheit andere zu Unrecht beschuldigt hat, ob sie die Verantwortung für ihr Handeln an andere abgegeben hat. Dieses Sich-bewusst-Machen eigener Anteile kann ihr dabei helfen, sich weiterzuentwickeln und sich heilen zu lassen. Und dafür kann sie „Danke“ sagen.

## *B. Einen anderen Menschen um Vergebung bitten*

Jetzt wird ein Beispiel beschrieben, wie man mit dieser Technik sich selbst verzeihen und einen anderen um Vergebung bitten kann. Auch dazu nehmen wir ein Beispiel aus dem Alltag: eine Mutter hat ihr Kind geschlagen, obwohl sie Gewalt in der Kindererziehung vollkommen ablehnt.

***1. Ich verzeihe mir, bitte verzeihe mir.***

Dieser erste Schritt ist unbedingt erforderlich. Die Frau muss sich bewusst machen, was sie getan hat, und bereit sein, die Verantwortung für ihr Handeln zu übernehmen, bereit sein, sich diese Tat zu vergeben. Entscheidet sie sich nicht für diesen Schritt, wird sie in Schuldgefühlen stecken bleiben. Ihre Handlung ist nicht mit ihrem Wertesystem kompatibel, sie gerät in einen inneren Konflikt, was eine permanente Anspannung in ihr auslöst. Als Lösungsstrategie wird sie vermutlich versuchen, dieses Geschehen so schnell wie möglich zu vergessen, zu verdrängen, und alles dafür tun, nicht weiter über dieses Verhalten nachzudenken. Damit erreicht sie zwar kurzfristig Entspannung und Entlastung, langfristig kann keine Lösung für das zugrunde liegende Problem gefunden werden. Sie kann sich nicht bewusst machen, was dazu geführt hat, dass sie ihr Kind geschlagen hat. „Ich verzeihe mir" bedeutet, dass sie in die *Absicht* geht, sich selbst zu vergeben. Das bedeutet natürlich nicht, dass damit wieder alles in Ordnung ist. Um wieder Ordnung herstellen zu können, ist dieser Schritt jedoch eine notwendige Voraussetzung.

***2. Es tut mir leid.***

Diesen Satz kann sie für sich selbst und auch dem Kind gegenüber aussprechen. Sie macht sich bewusst, dass sie ihrem Kind Schmerz zugefügt hat, körperlich und seelisch. Sie macht sich damit allerdings auch bewusst, dass sie sich selbst Schmerz zugefügt hat, da sie unbewusst und unkontrolliert gegen all ihre inneren Werte verstoßen hat. Indem sie diesen Schmerz wahrnimmt und zulässt, dass sie ihn spüren und fühlen kann, kann er verarbeitet werden. Kurzfristig konfrontiert sie sich damit mit einer sehr unangenehmen Erfahrung, anders als bei Verdrängung und Verleugnung des Schmerzes. Langfristig kann sie damit die Ursachen erkennen und beheben, so dass sie in zukünftigen Situationen zu anderen Handlungen in der Lage sein wird.

***3. Ich liebe mich, ich liebe dich.***

Hier wird der Fokus wieder auf das große Ganze gerichtet. Es ist zwar gut und wichtig, das Geschehen rückblickend zu betrachten. Allerdings besteht die gesamte Beziehung zum Kind nicht nur aus dieser Tat. Und die Frau besteht auch nicht nur aus dieser Handlung. Sie macht sich bewusst, dass sie so, wie sie ist, richtig ist, liebenswert, vollständig und gut. Sie macht sich bewusst, dass sie in jeder Situation ihr Bestes, was ihr in der Situation zur Verfügung steht, gegeben hat und geben wird. Und damit kann sie sich selbst lieben und annehmen, so wie sie ist. Auch wenn Verhaltensweisen auftreten, aus denen man noch lernen und sich weiterentwickeln kann. Bestraft man sich für so eine Handlung, wertet man sich ab, stellt man sich in Frage oder zweifelt ständig an sich selbst, so führt das dazu, dass man sich permanent schwächt und nicht mehr in der Lage ist, sein Verhalten zu korrigieren, geschweige denn daraus zu lernen.

### *4. Danke!*

Danke, dass ich diese Erfahrung machen durfte. Auch hier bedeutet das natürlich nicht, dass ich dankbar dafür bin, dass ich mich unmoralisch verhalten habe. Die Frau kann dankbar dafür sein, dass sie Gelegenheit hatte, über sich nachzudenken. Was zeigt ihr das Leben an dieser Stelle? Was kann sie sich bewusst machen und dann ändern? Hat sie vielleicht ein Gefühl der Überforderung, der Hilflosigkeit, Ohnmacht in diese Situation gebracht, ihr Kind zu schlagen? Sie kann sich der Ursachen ihrer Handlung bewusst werden und diese

Ursachen anfangen zu verändern.

Jeder darf jetzt für sich selbst entscheiden, welchen Weg er wählt. Es gibt nicht den richtigen oder den falschen Weg. Es gibt Wege mit unterschiedlichen Konsequenzen. Bei der Wahl, sich weiter über sich oder andere zu ärgern und wütend zu sein, oder sich und den anderen zu vergeben, sollte man sich der vielfältig verschiedenen Konsequenzen bewusst sein und danach den für sich selbst sinnvoll erscheinenden Weg wählen.

## 3.4 Gemeinsamkeiten der Techniken

Die drei Techniken haben folgende Schritte und Voraussetzungen gemeinsam:

1. Man macht sich seinen emotionalen Zustand – sprich: Ärger – bewusst.
2. Man ärgert sich nicht über seinen Ärger, sondern nimmt das Gefühl so an, wie es ist, das Gefühl darf da sein.
3. Man übernimmt die gesamte Verantwortung für die Entstehung und das Dasein des Ärgers.
4. Man trifft eine Entscheidung: entweder im Ärger zu bleiben oder aus dem Ärger hinauszugehen.
5. Ist die Entscheidung gefallen, aus dem Ärger hinauszugehen, wird eine klare Absicht bzgl. Vergebung formuliert. Man ist bereit zu vergeben.
6. Die Vergebung wird mit Hilfe einer der drei Techniken praktiziert. Und zwar so lange, bis der Vergebungsprozess abgeschlossen ist.
7. Je häufiger wir diesen Prozess vollziehen, d. h. je mehr wir diese Sichtweise in den Alltag einbeziehen, umso schneller können wir vergeben, umso besser fühlen wir uns. Und mit der Zeit stellen wir fest, dass Ärger im Alltag seltener wird.

**Zusammenfassung Kapitel 3**

Immer wieder sofort zu vergeben führt dazu, dass prophylaktisch Ärger im Keim erstickt wird. Uns wird bewusst, dass es keinen Sinn mehr macht, uns zu ärgern. Es darf alles sein, was im Außen passiert. Ein immer wohlwollenderes Verhalten den Mitmenschen gegenüber entsteht: mehr Toleranz, mehr Wertschätzung und mehr Respekt. Darüber hinaus werden wir uns wundern, wenn wir häufig mit den Techniken PEP, 4 Fragen oder Ho`ponopono arbeiten, dass uns unsere Mitmenschen viel freundlicher, zugewandter und offener begegnen: eine Auswirkung unseres eigenen offeneren und freundlicheren Verhaltens.

# 4. Angewandte Vergebung

*„Fröhliche Weihnachten, Charlie Brown. In dieser Zeit sollten wir alle unsere Streitigkeiten begraben und versuchen, freundlich zu sein."*
*„Warum machen wir das nur zu dieser Zeit und nicht das ganze Jahr über?"*
*„Bist du etwa auch einer von diesen Fanatikern?"*

Was bedeutet praktizierte Vergebung im Alltag? Es werden verschiedene Bereiche betrachtet und mögliche Auswirkungen von Vergebung beschrieben; zunächst Vergebung am Arbeitsplatz, anschließend Vergebung in der Familie.

## 4.1 Vergebung am Arbeitsplatz

Durch den immer stärker werdenden Leistungsdruck wird immer mehr Leistung von immer weniger Arbeitnehmern gefordert, die Aufgaben werden komplexer. Mit der ständigen Erreichbarkeit wächst der Stress am Arbeitsplatz und damit die Gefahr der Überforderung beständig. Mobbing ist in fast jedem Unternehmen an der Tagesordnung. Der Krankenstand nimmt zu, Ausfälle der Arbeitnehmer werden häufiger und länger, Diagnosen wie Burn-out, Depressionen oder auch typische Erkrankungen wie Rückenschmerzen, Bluthochdruck und Ähnliches steigen an.

In einer Untersuchung der DAK (2019) wurde festgestellt, dass sich in den letzten 20 Jahren die Fehltage am Arbeitsplatz aufgrund psychischer Erkrankungen mehr als verdreifacht haben. Psychische Störungen lagen im vergangenen Jahr bundesweit auf dem dritten Platz der Krankheitsarten (Deutsches Ärzteblatt 8/2019). Diese Reaktionen sind klare Zeichen einer ständigen Überforderung und Überbelastung.

Will man langfristig die Leistungsfähigkeit seiner Arbeitnehmer erhalten, hat das Unternehmen dafür Sorge zu tragen, dass wieder ein menschliches Miteinander und ein realistisches Leistungsniveau geschaffen werden. Das bedeutet, dass ein günstiges Klima geschaffen werden muss, in dem es Freude macht, zu arbeiten, Leistung zu erbringen und sich weiterzuentwickeln.

**Ein Bild dazu:**
Ich kann und brauche einer Pflanze nicht beizubringen, wie sie zu wachsen und zu blühen hat, das macht sie ganz aus sich selbst heraus, sie kann gar nicht anders, als sich zu entwickeln. Ich muss allerdings dafür sorgen, dass sie auf gutem Boden steht, genügend Wasser und Licht bekommt, ich kann mich kümmern, Unkraut entfernen und den Boden auflockern. Den Rest macht die Pflanze, nicht ich!

Der Arbeitgeber hat dafür zu sorgen, dass die Rahmenbedingungen stimmen: Es sollte ein Klima des Vertrauens, der Fürsorge, der Anerkennung und Wertschätzung herrschen und – das ist genauso wichtig – es müssen Ansprüche und Herausforderungen gestellt und konstruktive Kritik geleistet werden.

Welche Auswirkungen Gefühle auf unser Denken haben, ist schon in Kapitel 1.3 beschrieben worden. Hier wird noch einmal kurz darauf hingewiesen, dass Anerkennung und Wertschätzung die Bildung wichtiger Botenstoffe im Gehirn fördern:

- Dopamin-Ausschüttung führt zu *Einsatzbereitschaft.*
- Oxytocin bringt *Vertrauen* und *Gemeinschaftsgeist.*
- Endogene Opiate stärken die *Arbeitsfreude* und das *Motivationssystem.*

In einer von Angst und Ärger befreiten Atmosphäre kann Lernen und Arbeiten als Erfüllung dessen erlebt werden, was unser Gehirn ständig von uns fordert: aktiv sein, neue Verbindungen ausbilden; das Gehirn sucht beständig Anregungen. Der Arbeitnehmer macht unter diesen Bedingungen die Erfahrung, dass Probleme bewältigt werden können, dass man Hilfe bekommt, wenn man sie braucht, was wiederum Lust und Neugier auslöst und dazu führt, dass ein hoher Einsatz freiwillig erbracht wird, ohne in Überforderung zu geraten. Der Arbeitnehmer will unter diesen Voraussetzungen von sich aus Leistung erbringen, er muss nicht mehr von außen dazu aufgefordert oder motiviert werden.

Um diese Atmosphäre zu schaffen, ist es notwendig, dass der Arbeitgeber und seine Führungskräfte dem Arbeitnehmer eine positive Einstellung entgegenbringen. Natürlich sind auch die Arbeitnehmer untereinander angehalten, diese positive Einstellung sich selbst und anderen entgegenzubringen. Gedanken und Bewertungen über sein Gegenüber sind von grundlegender Bedeutung.

Dies kann nicht häufig genug betont werden: nicht der Außenreiz ist wichtig, sondern die Bewertung des Außenreizes!

Auf diesen Bereich bezogen bedeutet das zum Beispiel: ein Fehler ist in der Bearbeitung einer Aufgabe aufgetreten (Außenreiz), der Chef könnte nun vom Angestellten denken: „Du bist faul, dumm, du müsstest schneller, besser, qualitätsbewusster arbeiten." Diese Bewertungen haben fatale Auswirkungen auf die Rahmenbedingungen und damit auf die Arbeitsleistung des Angestellten – die gestalterische Kraft von bewussten und unbewussten Gedanken ist nicht zu unterschätzen! Gedanken beeinflussen nicht nur die Person selbst (der Chef ärgert sich), sondern haben auch Auswirkungen auf den anderen, auf das gesamte Umfeld!

Zwei interessante Untersuchungen sollen verdeutlichen, wie Gedanken und Bewertungen von Personen zu messbaren Ergebnissen in ihrem Umfeld führen.

***Beispiel 1: Krankenhaus***

*Mitarbeiter auf der Station eines Krankenhauses nahmen sich vor, sich mehr Aufmerksamkeit und Anerkennung zukommen zu lassen. Die Konsequenzen waren zum einen, dass das Selbstvertrauen jedes Mitarbeiters anstieg, es gab weniger Krankmeldungen; zum anderen:*

*Patienten konnten eher entlassen werden, der Verbrauch von Medikamenten sank!*

***Beispiel 2: Rosenthal-Experimente***

*In den 70er Jahren wurde in Amerika folgendes Experiment durchgeführt: Einer Gruppe von Schülern wurde willkürlich ein Intelligenzquotient zugeordnet. Den Lehrern dieser Schüler wurde dieser Intelligenzquotient als ein durch strenge Tests ermittelter Wert mitgeteilt. Sie „wussten" also, bei welchen Schülern es sich um intelligente und weniger intelligente Schüler handelte. In der folgenden Zeit wurden regelmäßig Tests geschrieben. Die „intelligenten" Schüler schnitten mit jedem Test besser ab, signifikant besser als die „weniger intelligenten"! Die „intelligenten" Schüler wurden von den Lehrern als neugierig, aufgeweckt und interessiert beschrieben, während die „weniger intelligenten" als träge, unmotiviert und gleichgültig bewertet wurden (Pollak, S. 27 ff.).*

Was hat das mit Vergebung zu tun? In einem hochkomplexen System eines Unternehmens sind Störungen an der Tagesordnung. Wir schauen hier auf Störungen im Miteinander, in der Kommunikation, in der zwischenmenschlichen Auseinandersetzung. Es ist nicht zu verhindern, dass es zu Konflikten, verbunden mit Ärger und Wut, kommt. Es ist nicht zu verhindern, dass nicht auch negative Bewertungen und Gedanken über den anderen auftauchen! Der Anspruch, nur noch freundlich und wertschätzend über den anderen zu denken und nur noch respektvoll miteinander umzugehen, ist unrealistisch, unmenschlich und irrational. Allerdings sollte man den Anspruch haben, zu lernen, sich bei Ärger und Wut möglichst schnell seiner Gedanken und Bewertungen bewusst zu werden und sie möglichst unmittelbar zu ersetzen durch neutrale oder positive Gedanken. Das heißt, in Konfliktsituationen sich selbst zu beobachten und zu regulieren. Damit erreicht man für sich selbst sehr schnell wieder einen inneren angenehmen Zustand mit den entsprechenden positiven körperlichen, gedanklichen und motivationalen Konsequenzen und schafft eine grundlegende positive Erwartungshaltung dem anderen gegenüber mit den damit verbundenen positiven Konsequenzen (siehe oben Beispiel 1 und 2). Man ist gefordert, sich selbst in einen positiven Zustand zurückzuversetzen, bevor man in die Auseinandersetzung mit seinem Gegenüber geht. Dies gilt für alle an der Konfliktsituation Beteiligten.

Alle Beteiligten sind aufgefordert zu vergeben und um Vergebung zu bitten. Dadurch werden Grundlagen geschaffen, das Problem wirklich zu lösen und kreative neue Lösungen zu finden. Gleichzeitig entstehen dadurch Bedingungen, um langfristig Höchstleistungen und nachhaltige Arbeitsergebnisse erbringen zu können. Dies benötigt Zeit und Energie, die kurzfristig gesehen den inhaltlichen Arbeitsprozessen fehlen wird. Kein Unternehmen kann es sich jedoch auf Dauer leisten, auf diese Prozesse gänzlich zu verzichten. Erst im emotional neutralen oder sogar positiven Zustand kann das Problem konstruktiv und auf Dauer gelöst werden. Erst unter diesen Bedingungen kann konstruktiv darüber gesprochen werden, wie es z. B. zu einem Fehler gekommen und wie er zukünftig zu verhindern ist. Der anfängliche Mehraufwand, den man investieren muss, zahlt sich langfristig wieder aus: an diesen Stellen wird es keine immer wiederkehrenden Probleme mehr geben! Ohne Vergebung, ohne diese neue Unternehmenskultur werden weiterhin Mobbing, Angst, innere Kündigung, Entlassungen und hoher Krankenstand die Folgen sein – etwas, was dem Unternehmen auf Dauer extrem schaden wird!

Lassen Sie uns einen Blick in eine utopisch wirkende Unternehmenskultur wagen: Die Mitarbeiter in den Firmen sind am Ende jeden Arbeitstages aufgefordert für sich zu überprüfen, welche Konflikte es im Laufe des Tages gegeben hat. Jeder macht sich bewusst, welche Gedanken und Bewertungen dazu aufgetreten sind, und bearbeitet sie mit einer der drei vorgestellten Methoden: PEP, 4 Fragen, Hoʻoponopono. Damit werden Störungen sofort neutralisiert, der Mitarbeiter versetzt sich wieder in einen positiven Zustand, was ihm selbst gut tut, was allerdings auch für die notwendigen grundlegenden Rahmenbedingungen des Arbeitsklimas wichtig ist. Kleine Störungen werden im Keim erstickt, so dass verhindert wird, dass sich größere Störungen, seien es gesundheitliche oder motivationale, entwickeln können. Viele Unternehmen haben bereits erkannt und sind auf den Gebieten auch schon aktiv geworden, dass die Fürsorgepflicht sehr ernst genommen werden muss: Sie bieten Sportmöglichkeiten, Entspannungskurse oder Ernährungskurse an. Projekte, die in die richtige Richtung weisen.

Wenn jedoch der emotionale Zustand jedes Einzelnen und vor allem Ärger und Wut grundsätzlich nicht reguliert werden, werden diese Maßnahmen nicht nachhaltig Wirkung zeigen. Tauchen Ärger und Wut im Laufe des Tages auf, so kann man noch so viel Sport treiben: die Wut kommt sofort wieder zurück, sobald man wieder mit den auslösenden Außenreizen konfrontiert wird, sprich spätestens am nächsten Tag, wenn man dem Kollegen, Vorgesetzten oder Kunden begegnet, je nachdem, wer den Außenreiz verkörpert. Man kommt nicht in die Entspannung, wenn man nicht vorher das belastende Problem gelöst hat. Und eine gesunde Ernährung wird nicht helfen, wenn vorher nicht die durch Stress verursachten körperlichen Reaktionen wie z. B. Ausschüttung von großen Mengen an Magensäure gestoppt werden! Durch die Bearbeitung der Bewertungen und Gedanken wird zunächst eine spezifische Verarbeitung der Ursache für die Störung vorgenommen, was dazu führt, dass man sich wieder wohlfühlt. Dann können Lösungen für das inhaltliche Problem (für den Außenreiz) gesucht und gefunden werden. Wenn Sport, Entspannung und gesunde Ernährung in das Leben integriert werden, sind optimale Bedingungen für langfristige Gesundheit und damit Leistungsfähigkeit geschaffen.

## 4.2 Vergebung in der Familie

Ärger im Miteinander kann nicht verhindert werden. Gerade in Partnerschaften und Familien, in denen sich Menschen sehr nahe kommen, es um emotionale Belange geht, Menschen sich mit wichtigen emotionalen Bedürfnissen, Wünschen und Erwartungen auseinandersetzen und dies häufig unbewusst abläuft, kommt es häufig zu Störungen in der Kommunikation, zu Missverständnissen und Enttäuschungen. Ärger ist die Folge.

Wenn in diesen Situationen nicht sofort mit Vergebung reagiert wird, entstehen häufig endlose eskalierende Streitereien, in denen man sich in gegenseitigen Schuldzuweisungen, Kränkungen und Entwertungen ergeht, die sehr viel Schaden anrichten können. Wer kennt das nicht, dass man in Ärger und Wut Dinge sagt, die einem im Nachhinein wirklich leid tun. Eine Studie hat gezeigt, dass eine negative, angreifende Aussage erst durch sieben positive und wertschätzende Äußerungen wiedergutgemacht werden kann. Also sollte man bemüht sein, seinen Ärger so schnell wie möglich zu erkennen, sich bewusst zu machen und Vergebung zu praktizieren – sich selbst oder dem anderen gegenüber –, bevor man in die Lösung der Problematik geht.

Jeder sollte sofort die Verantwortung für seinen emotionalen Zustand übernehmen: wenn er sich ärgert, ist das seine eigene Reaktion; seine Bewertungen und Interpretationen des Gegenübers (Außenreiz!) führen in die emotionale Reaktion des Ärgers. Durch die Übernahme der Verantwortung für seinen emotionalen Zustand wird die Person in die Lage versetzt, diesen Zustand wieder zu korrigieren. Beschuldigt man den anderen, dass er für den Ärger verantwortlich ist, gerät man in Ohnmacht und Hilflosigkeit: man kann nur abwarten, hoffen oder auf den anderen einreden, dass er sich ändert, damit es einem selbst wieder besser geht. Aus diesem Grund sollte man immer die Verantwortung für sich selbst übernehmen, in die Vergebung gehen – nur damit liegt es in der eigenen Macht, seinen eigenen Zustand wieder zu regulieren und Lösungen für das inhaltliche Problem finden.

Schauen wir uns ein *Beispiel in der Partnerschaft* dazu an: Ein junges Paar geht zu einer Party, freut sich auf die Feier. Im Laufe des Abends beobachtet der Mann, dass seine Freundin mit vielen Männern spricht, tanzt und offensichtlich viel Spaß hat. Er beobachtet bei sich, wie er ärgerlich wird und sich immer mehr in diesen Ärger hineinsteigert. Seine inneren Bewertungen könnten folgendermaßen lauten: „Wie kann sie mir das antun, sie interessiert sich nicht mehr für mich, andere sind ihr wichtiger, sie macht mich zum Gespött der anderen!" Aus diesen Bewertungen entsteht zwangsläufig Ärger und Wut. Macht der junge Mann sich jetzt nicht bewusst, dass er durch seine Bewertungen selbst und eben nicht seine Freundin den Ärger produziert, entsteht Streit. Er wird ihr vorwerfen, dass sie sich falsch verhält, dass sie unverschämt, lieblos und rücksichtslos ist. Sie wird auf diese Vorwürfe reagieren, es abstreiten, sich vielleicht rechtfertigen, sich zu erklären versuchen, dass es ganz anders ist. Beide werden sich unverstanden fühlen, der Streit nimmt immer größere Ausmaße an, man gerät in eskalierende Schleifen, die zu immer mehr Beschuldigungen und Angriffe führen.

Einen ganz anderen Verlauf würde dieser Abend nehmen, wenn der Freund sich seine Bewertungen bewusst macht und sie z. B. mit Hilfe der *4 Fragen* korrigiert:

1. „Kann ich sicher sein, dass der Gedanke *Sie interessiert sich nicht mehr für mich* wahr ist? Kann ich sicher sein, dass ich nicht mehr wichtig für sie bin? Kann ich sicher sein, dass sie mich zum Gespött der Leute macht?"
   Stellt er sich diese Fragen und beantwortet sie sich ehrlich, so kann er nur zu dem Ergebnis kommen: Nein, ich kann mir nicht sicher sein! Es stimmt nicht, was ich mir da sage!
   Und diese Erkenntnis löst emotional einen vollkommen anderen Zustand aus als Ärger.
2. „Was passiert mit mir, wenn ich an meinen

ursprünglichen Bewertungen und Gedanken festhalte?"
Er erkennt sofort, dass er sich in den Ärger weiter hineinsteigert, dass Angst entsteht, dass er sich körperlich angespannt und unwohl fühlen wird, dass er seine Freundin mit immer mehr Anschuldigungen konfrontieren wird, dass er sich abweisend und angreifend ihr gegenüber verhalten wird, dass er langfristig immer misstrauischer und eifersüchtiger wird. Er gerät in eine abwärts gerichtete Spirale mit vielen negativen Auswirkungen für sich und die Beziehung, ausgelöst durch unwahre Interpretationen eines Außenreizes.

3. „Wie bin ich ohne diesen Gedanken/diese Interpretation?"
   Stellt er sich vor, dass er keine Bewertungen des Verhaltens seiner Freundin vornimmt, so wird er zu der Erkenntnis kommen, dass er sich wohlfühlt, frei, entspannt, dass er selbst Freude und Spaß hat, vielleicht sogar dankbar ist, so eine tolle Freundin an seiner Seite zu haben. Er stellt fest, dass es zurzeit kein Problem gibt. Die Folge dieser Erkenntnis: Entspannung und Wohlbefinden.
4. Kehre den Gedanken um: „Sie interessiert sich für mich! Ich bin ihr wichtig! Sie macht mich

> nicht zum Gespött der Leute!“
> Diese Gedanken sind genauso wahr oder vielleicht auch unwahr wie die ursprünglichen Gedanken. Also kann er diese Gedanken mit der gleichen Berechtigung denken wie die ursprünglichen. Diese Gedanken führen allerdings in einen gegenteiligen emotionalen Zustand. Und das ist wichtig! Weil damit entweder ein Problem gar nicht erst entsteht oder – und das ist genauso wichtig – damit eine emotionale Grundlage geschaffen wird, um über „Wie wichtig bin ich für dich?“ überhaupt sprechen zu können.

Genauso hilfreich wird es sein, wenn der junge Mann in dieser Situation PEP oder Ho'oponopono anwendet. PEP anzuwenden würde bedeuten, dass er seine rechte Hand auf den wunden Punkt legt und dreimal den Satz denkt: „Auch wenn ich mich darüber ärgere, dass meine Freundin mit anderen Männern spricht/tanzt, liebe und akzeptiere ich mich von ganzem Herzen.“ Ausgelöst werden dadurch Entspannung und Beruhigung, so dass Abstand zu den Gedanken und Bewertungen des Verhaltens seiner Freundin entstehen kann. Im nächsten Schritt kann er auch direkt in die Vergebung gehen. Dazu spricht bzw. denkt er dreimal die Sätze: „Auch wenn meine Freundin mit anderen Männern spricht/tanzt, liebe und akzeptiere ich mich von ganzem Herzen und die Verantwortung für ihr Verhalten lasse ich ganz bei meiner Freundin. Und ich vergebe ihr von ganzem Herzen, dass sie das jetzt macht, da ich mir bewusst mache, dass sie im Moment nicht anders kann und/oder nicht anders will." Auch damit wird wieder erreicht, dass er Abstand zu den ersten Bewertungen bekommt, er sich auf sich selbst konzentrieren und in Ruhe überlegen kann, was er jetzt für sich tun könnte.

*Ho'oponopono* anzuwenden würde in dieser Situation bedeuten:

1. Ich verzeihe dir, ich verzeihe mir, bitte verzeihe mir.
2. Es tut mir leid.
3. Ich liebe mich, ich liebe dich.
4. Danke!

Auch hierbei wird wieder vorausgesetzt, dass der Freund sich seiner Gedanken bewusst ist, dass er die Verantwortung für seine emotionale Reaktion übernimmt und sich bewusst für die Vergebung entscheidet.

Diese vier Aussagen kann er nutzen, um über sich, seine Freundin, die Beziehung nachzudenken. Er kann sie allerdings zunächst auch spontan denken, um den Ärgerkreislauf sofort zu unterbrechen.

Lassen Sie uns an dieser Stelle einmal über eine eigene Ärger-Situation nachdenken. Nehmen wir ein konkretes Beispiel, in dem wir uns vielleicht in den letzten Tagen über einen anderen geärgert haben. Machen wir uns bewusst, auch wenn es nur eine theoretische Vorstellung ist, was anders wäre, wenn man mit diesen drei Instrumenten (4 Fragen, PEP, Ho'oponopono) in diesen Situationen reagieren würde. Lassen wir uns überraschen, welche Ergebnisse emotional, gedanklich, körperlich oder auch im Verhalten auftreten würden. Ich kann es nicht oft genug betonen: Durch diese andere, aktive und eben nicht mehr re-aktive Herangehensweise ermächtigt man sich wieder selbst, Kontrolle über eine Situation zurückzugewinnen und in ihr selbstbestimmt handeln zu können. Nur darauf kommt es mir an. Es geht nicht darum, in Zukunft mit einem Heiligenschein durch die Welt zu laufen, sondern es selbst in der Hand zu haben, wählen zu können, ob man in Zu-frieden-heit und Entspannung oder in Unzufriedenheit, Streit und Unglück verweilt.

*Betrachten wir ein weiteres Beispiel: Kindererziehung.* Seien wir ehrlich, Ärger und Wut in der Erziehung von Kindern treten immer wieder auf. Das liegt einfach daran, dass es uns so wichtig ist, unsere Kinder gut zu erziehen. Man ist emotional beteiligt, man ist verstrickt in den Beziehungen, es laufen Programme ab aus der eigenen Kindheit: Erinnerungen, wie unsere Eltern mit uns umgegangen sind, die unbewusst auf den gegenwärtigen Alltag übertragen werden. Wir haben viele und hohe Erwartungen an unsere Kinder und uns, dass alles richtig und am besten perfekt abläuft. Schwierigkeiten im Miteinander sind damit vorprogrammiert. Und deswegen auch hier: möglichst schnell die Wut erkennen und diese Prozesse unterbrechen, indem man in die Vergebung geht.

Beispiel: Der 6-jährige Sohn kommt in die Schule, in den ersten Wochen sträubt er sich, seine Hausaufgaben zu machen. Er will erst gar nicht an die Aufgaben herangehen oder träumt, wenn er an den Schularbeiten sitzt, lenkt sich ab, zieht das Bearbeiten der Aufgaben in die Länge. Seine Mutter erwartet von ihm, dass er seine Aufgaben schnell, gründlich und konzentriert erledigt. Sie redet ihm gut zu, lockt ihn mit Belohnungen, überlässt ihm die Entscheidung, wann er sich an den Schreibtisch setzt, alle Bemühungen ihrerseits fruchten jedoch nicht. Mit den Tagen wird sie immer ärgerlicher und wütender. Sie fühlt sich hilflos und ohnmächtig. Sie denkt, dass ihr Sohn schwierig, faul und frech sei. Sie unterstellt ihm, dass er trotzig und eigensinnig ist, dass er sich aus Prinzip gegen sie stellt. Ärger und Wut werden verstärkt, sie kann nicht mehr gut schlafen, bekommt Kopfschmerzen. Sie nimmt sich vor, hart durchzugreifen und ihm zu zeigen, wer bestimmt. In der nächsten Hausaufgabensituation beginnt sie zu schimpfen, sie schreit ihn an und bestraft ihn mit Hausarrest. Ihr Sohn beginnt zu weinen, wirft sein Heft auf den Boden, rennt in sein Zimmer und knallt die Tür hinter sich zu. Beide befinden sich in einer eskalierenden Schleife.

Die Mutter sollte jetzt schnellstmöglich in die Vergebung gehen. Sie kann die *4 Fragen* einsetzen. So kann sie sich jetzt fragen:

1. Die erste Frage: „Kann ich sicher sein, dass er faul und frech ist? Eigensinnig und trotzig?“
   Bei ehrlicher Beantwortung dieser Frage kommt sie zu dem Ergebnis: Nein! Ich kann nicht sicher sein, dass z. B. Faulheit, Frechheit, Eigensinn oder Trotz die Ursachen für sein Verhalten sind. Diese Erkenntnis hilft ihr, sich von dem Gedanken zu lösen. Sie kommt in einen anderen emotionalen Zustand.
2. Die zweite Frage: „Was passiert mit mir, wenn ich an den ursprünglichen Bewertungen festhalte?“ Diese Frage führt dazu, dass ihr bewusst wird, dass sie sich mit der Zeit immer mehr in

ihren Ärger hineinsteigert, sie sich zunehmend hilflos und ohnmächtig fühlt, die Beziehung zu ihrem Sohn immer angespannter und verständnisloser wird. Eine konstruktive Lösung dieses Themas wird zunehmend unwahrscheinlicher.

3. Die dritte Frage: „Wie wäre ich ohne diesen Gedanken?“ Wenn sie sich auf diese Frage einlässt, so wird sie bemerken, dass sie sich entspannt und wieder ruhiger wird; es gibt kein Problem, es gibt nur die Tatsache, dass ihr Sohn die Hausaufgaben nicht so macht, wie sie sich das vorstellt.
4. „Kehre den Gedanken um“: Hier lauten ihre Sätze: „Mein Sohn ist fleißig, lieb, kooperativ und gefällig.“
   Für diese Bewertungen kann sie Beispiele suchen, die zeigen, dass ihr Sohn auch diese Eigenschaften besitzt. Damit distanziert sie sich von den negativen Bewertungen, sie kann sich weiter entspannen und kann jetzt mit Wohlwollen und Interesse auf ihren Sohn zugehen. Sie entwickelt eine ganz andere Erwartungshaltung: wenn ihr Sohn fleißig ist, lieb, kooperationsbereit, so kann sie erwarten, dass er in der Hausaufgabensituation genau das Richtige macht, auch wenn er etwas anderes macht, als sie sich wünscht. Beide können in diesem

> Zustand nach einer Lösung für die Hausaufgaben suchen. Die Mutter wird mehr Verantwortung an ihren Sohn abgeben, er wird die Situation lösen, so wie es für ihn richtig ist. Vielleicht ist das Träumen und Trödeln für ihn anfänglich genau das Richtige!

Bei der Anwendung von PEP kann sie den Satz: „Auch wenn mein Sohn nicht das macht, was ich will, liebe und akzeptiere ich mich von ganzem Herzen" dreimal laut aussprechen und dabei den „wunden Punkt" aktivieren. Anschließend kann sie die Sätze laut aussprechen: „Auch wenn du nicht das tust, was ich will, liebe und akzeptiere ich mich von ganzem Herzen und die Verantwortung lasse ich ganz bei dir. Ich vergebe dir von ganzem Herzen, dass du die Hausaufgaben nicht so machst, wie ich das will, weil ich mir bewusst mache, dass du das im Moment nicht anders kannst!" Auch damit wird wieder Beruhigung und Entspannung ausgelöst und eine andere Basis zur Lösung des Problems gefunden.

Nutzt die Mutter *Ho'oponopono*, so wird sie sich in dieser Situation sagen:

1. Ich verzeihe dir, ich verzeihe mir, bitte verzeihe mir.
2. Es tut mir leid.
3. Ich liebe mich, ich liebe dich.
4. Danke!

Allein das Aussprechen oder Denken dieser Sätze wird den Ärger und die Wut stoppen. Es wird dadurch möglich, sich zu beruhigen und entspannt nach neuen Möglichkeiten zur Lösung zu suchen. Je länger sich die Mutter mit diesen Sätzen beschäftigt, umso intensiver wird sie sich entspannen können.

Diese beiden Beispiele beziehen sich auf Ärger und Wut bei eher leichteren Verletzungen. Schwerere oder sogar intensive Verletzungsgrade kommen in den Familien auch vor: Lügen, Betrügen, Ausnutzen, Schlagen, Missbrauch, emotional oder körperlich. Vergebung ist angezeigt in allen Situationen, egal wie leicht oder schwer die Verletzung war. Setzt Vergebung bei den leichteren Graden sofort ein, so wird prophylaktisch dafür gesorgt, dass schwerere Verletzungen gar nicht erst entstehen. Allein damit kann erreicht werden, dass es im Miteinander auf lange Sicht gesehen viel friedlicher und harmonischer zugeht. Wird auch bei den schweren und intensiven Verletzungen mit Vergebung gearbeitet, so setzt damit Heilung ein.

Traumatisierungen sollten allerdings immer in Begleitung eines Beraters oder Therapeuten bearbeitet werden.

**Zusammenfassung Kapitel 4**

In diesem Kapitel wurde anhand von Beispielen veranschaulicht, wie Vergebung am Arbeitsplatz und in der Familie genutzt werden kann. Am Arbeitsplatz sorgt Vergebung dafür, dass optimale Arbeitsbedingungen geschaffen werden, die zum Wohlbefinden und zur Gesundheit der Arbeitnehmer, zur Motivation und zur maximalen Leistung führen. In der Familie sorgt immer wieder stattfindende Vergebung für ein friedliches Klima. Schwere oder intensive Verletzungen in der Familie müssen bearbeitet werden, damit es bei den betroffenen Personen zu Heilung kommen kann.

## Schlusswort

*„Gott schuf die Erde und sah, dass sie gut war."*

„Auge um Auge, Zahn um Zahn", „Schuld und Sühne", „Angriff und Bestrafung" – ein ewiger Kreislauf von Gewalt, Unrecht, Unverständnis und Lieblosigkeit. Es gibt zahllose Beispiele für diese Kreisläufe. Wir müssen nur auf die Krisenherde dieser Erde schauen: Israel, Iran, Irak, Türkei, Nordkorea, Bürgerkriege in Afrika, der Ukraine etc. Wir können in unsere Gesellschaft schauen: wie viele Gruppen, Parteien und Organisationen sind von Hass und Wut und Aggression angetrieben. Wir können auch in die Familien schauen: Missbrauch und Gewalt gegen Kinder und Schwache, Ungerechtigkeiten und Übergriffe. Wir können auf jede Aktion eine Re-Aktion folgen lassen, wir können weiterhin auf Vergeltung, Wiedergutmachung und Rache pochen. Das Unverzeihliche in der Welt gibt es! Muss das Unverzeihliche tatsächlich bestraft, gesühnt, gemaßregelt werden?

Wenn wir Menschen auf das Unverzeihliche mit Gegenangriff reagieren, bleiben wir im Zustand von Gewalt und Leid gefangen. Es gibt kein Entkommen aus diesem Kreislauf.

Wollen wir Menschen frei sein, in Frieden und Harmonie leben, ist von uns Vergebung gefordert in Situationen, in denen das Unverzeihliche geschehen ist. Das beinhaltet auch das Bemühen um ein Verständnis dessen, was bei meinem Gegenüber dazu geführt hat, dass diese Tat geschehen konnte. Wir sollten bereit sein, den „Angreifer" zu verstehen und uns selbst zu verstehen, in unserer Reaktion auf den Angriff. In diesem Buch habe ich u. a. beschrieben, wie wir zu diesem Verständnis kommen können. Verständnis und Annehmen dessen, was ist, ist der notwendige erste Schritt für Vergebung.

Statt Vergeltung, Wiedergutmachung und Rache also Vergebung! Vergebung, um heilen zu können, um den Schmerz zu verlieren, um sich von der Last zu befreien, um sich wieder für Freude, Zuversicht und Zufriedenheit öffnen zu können. Vergebung kann – wie in diesem Buch beschrieben – auf der Ebene des Verstandes, der Vernunft, des Geistes und der Verhaltensebene geschehen. Allerdings sollten wir eine Ebene nicht vergessen: eine notwendige, immerwährende, allumfassende, grundlegende Ebene: die der Liebe! Wir Menschen vergeben auf der Grundlage von Liebe, Liebe sich selbst gegenüber, Liebe dem anderen gegenüber. Vergebung führt in die Liebe und Liebe führt in die Vergebung. Vergebung mir selbst oder dem anderen gegenüber geschieht immer nur aus dem Grund, sich selbst wieder in einen harmonischen, zufriedenen Zustand zu versetzen. Es ist ein Akt der Selbstliebe zu vergeben. Ich bin es wert, glücklich zu sein. Ich habe es verdient, ein Leben ohne Angst und Ärger, in Wohlbefinden und Liebe zu führen. Es liegt in meiner Hand und in meiner Verantwortung, dafür zu sorgen, egal wie widrig die Umstände um mich herum waren und sind. Mit der Zeit wächst auch so viel Liebe in mir, dass es tatsächlich möglich ist, den Täter nicht mehr zu hassen, sondern ihn anzunehmen, wie er ist.

Ich würde mir wünschen, dass so viele Menschen wie möglich sich von diesen Ideen anstecken lassen, sie mit in ihr Leben nehmen und sich überraschen lassen, wie viel Liebe entstehen kann. Das ist der wahre Beitrag zum Weltfrieden und das Ende von Ausnutzung und Ausbeutung von Mensch und Natur. Vielleicht sollten wir den Titel dieses Buches umbenennen. Aus „Reg Dich nicht so auf" machen wir:

*„Liebe deinen Nächsten wie dich selbst! Und zuerst dich selbst!"*

## Vergebung nach PEP

- Ich werfe mir vor, ich werfe XY vor, dass …
- Auch wenn ich mir/XY vorwerfe, dass … liebe und akzeptiere ich mich von ganzem Herzen.
- Und jetzt vergebe ich mir/XY von ganzem Herzen, dass ich das getan habe/dass XY das getan hat, weil ich mir bewusst mache, dass ich/XY nicht anders konnte oder wollte. Und die Verantwortung, für das was XY getan hat, lasse ich ganz bei XY (mit rechter Hand diese Verantwortung wegschieben).

## Vergebung nach Byron Katie

Den Gedanken bewusst machen, der Ärger auslöst. Anschließend mit den 4 Fragen überprüfen:

- Ist es wirklich wahr? Kannst du sicher sein, dass dieser Gedanke wirklich wahr ist?
- Wo führt dich dieser Gedanke hin, wie reagierst du, wenn du diesen Gedanken glaubst?
- Wie wärst du ohne diesen Gedanken?
- Kehre den Gedanken um.

## Vergebung nach Ho'oponopono

Auch hier sich bewusst machen, welcher Vorwurf besteht. Anschließend die Sätze aussprechen:

- Ich verzeihe dir, ich verzeihe mir, bitte verzeihe du mir.
- Es tut mir leid.
- Ich liebe mich, ich liebe dich.
- Danke.

# Weiterführende Literatur


BOHNE, Michael (Hrsg.): Klopfen mit PEP. Prozessorientierte Energetische Psychologie in Therapie und Coaching. Carl-Auer Verlag 2010

BYRON Katie: Lieben was ist: Wie vier Fragen Ihr Leben verändern können. Arkana Verlag 2002

DUPREÉ, Ulrich Emil: Heile dich selbst, und heile die Welt: Ho'oponopono: Der hawaiianische Weg, einfach und effektiv innere und äußere Konflikte zu lösen. Zenit und Nadir Verlag 2011

EKMAN, Paul: Gefühle lesen: Wie Sie Emotionen erkennen und richtig interpretieren. Springer Verlag 2010

ENRIGHT, Robert D.: Vergebung als Chance. Neuen Mut fürs Leben finden. Huber Verlag 2006

IZARD, Carroll E.: Die Emotionen des Menschen. Eine Einführung in die Grundlagen der Emotionspsychologie. Beltz Verlag 1999

PARSONS, Claire F.: Healing Practices in the South Pacific, Institute For Polynesian Studies 1995

POLLAK, Kay: Für die Freude entscheiden. Südwest-Verlag 2010